Guidelines for Inspection and Strength Evaluation of Suspension Bridge Parallel Wire Cables

悬索桥平行钢丝主缆检查及强度评估指南

编　　译　姚　超
主　　审　叶觉明
评　　审　郑明珠　崔　冰　吴明远　杨　进　徐恭义
　　　　　万田保　臧正保　刘　榕　范文理　郭友谊

人民交通出版社

内 容 提 要

本指南主要是针对悬索桥平行钢丝主缆的内部检查和强度评估。本指南明确了悬索桥主缆内部检查和强度评估的应用条件，通过实例，系统地介绍主缆内部检查记录、抽样试验确定钢丝性能、建立主缆数学模型、统计计算分析、评估主缆强度的具体步骤和实施方法。

本指南适用于悬索桥业主、主缆检修人员、悬索桥设计和检查维修的专业工程师。

图书在版编目(CIP)数据

悬索桥平行钢丝主缆检查及强度评估指南 / 姚超编译. — 北京 : 人民交通出版社, 2013.7

ISBN 978-7-114-10783-2

Ⅰ. ①悬… Ⅱ. ①姚… Ⅲ. ①悬索桥—主缆—检查—指南 Ⅳ. ①U448.25-62

中国版本图书馆 CIP 数据核字(2013)第 161400 号

书　　名：悬索桥平行钢丝主缆检查及强度评估指南
编 译 者：姚　超
责任编辑：潘艳霞
出版发行：人民交通出版社
地　　址：(100011)北京市朝阳区安定门外外馆斜街 3 号
网　　址：http://www.ccpress.com.cn
销售电话：(010)59757973
总 经 销：人民交通出版社发行部
经　　销：各地新华书店
印　　刷：北京市密东印刷有限公司
开　　本：880 × 1230　1/16
印　　张：5.5
字　　数：147 千
版　　次：2013 年 7 月　第 1 版
印　　次：2014 年 9 月　第 2 次印刷
书　　号：ISBN 978-7-114-10783-2
定　　价：120.00 元

前　言

在中国大跨度桥梁快速建设期，深圳市科兰德实业发展有限公司近年有幸完成了20多座桥梁除湿系统的设计、研发、制造和施工。2011年，该公司又赴美国参加大桥主缆除湿系统投标，并与美国桥梁界的设计、工程总承包、业主和桥梁养护等单位进行了多项合作交流。由此感受到美国标准、规范关于大桥设计、建设、养护的一些先进理念。其中，NCHRP534——《悬索桥平行钢丝主缆检查及强度评估指南》，由美国国家科学院交通研究委员会组织编写，这是一本关于悬索桥主缆腐蚀检查、评估的权威著作。英国福斯桥首次全面应用本指南进行了主缆的检查和评估，已经取得初步成功。

国内多位桥梁设计师均给予该书高度评价，认为很有借鉴意义。我国从1995年建成第一座现代悬索桥——汕头海湾大桥到现在，时间不足20年，却已有多座悬索桥进行了主缆防护外层检修和大修。而对悬索桥主缆的检查和评估尚无统一的技术标准和指南，这是不可回避的悬索桥养护维修所面临的重要课题。

根据多位桥梁专家建议，特组织编译此书，希望能为悬索桥主缆设计养护维修提供参考，也为祖国的桥梁事业尽绵薄之力。

此书编译过程中得到以下专家大力协助：郑明珠、崔冰、吴明远（中交公路规划设计院有限公司），杨进、徐恭义 、万田保（中铁大桥勘测设计院集团有限公司），臧正保（江苏省交通规划设计院有限公司），叶觉明（中铁大桥局武汉桥梁科学研究院），刘榕（湖南省交通规划勘察设计院），范文理（西南交通大学），郭友谊（深圳科兰德实业发展有限公司），在此表示感谢！

因编译者水平有限，书中难免有不妥之处，欢迎指教，以便再版时更正。

由于多种原因，本指南未附原文的附录内容。如有需要，附录内容可联系深圳市科兰德实业发展有限公司，欢迎有兴趣的同行进一步交流探讨。

编译者至今未联系到著作权人，在此致歉，此标准著作权人可与本公司联系，支付版权相关费用。

深圳市科兰德实业发展有限公司　姚　超

2013年3月

原书前言

本指南包括对悬索桥平行钢丝主缆检查及评估提出的建议及操作指南,本指南对悬索桥业主和悬索桥主缆检修人员是非常有用的。

在美国,有50多座大型悬索桥,其中一半以上运营超过了50年(译注:美国有100多年现代悬索桥历史)。这些投入大量资金建设的桥梁都是当地的重要交通枢纽。随着这些桥梁建筑结构的老龄化,需要评估确认这些桥梁的状况和承载能力,估算结构剩余的使用寿命并采取预防措施延长桥梁的使用寿命。

长期以来,在理论和实践上都没有可靠的、经过国家认可的检查和评估悬索桥平行钢丝主缆状态和主缆强度的规范。1998年,国家公路合作研究项目(以下简称NCHRP)在美国新泽西州纽瓦克主办了"悬索桥主缆安全评估研讨班",研讨班认为,最优先需要研究和确定的是:研讨开发主缆检查、取样、试验的规则;开发预测主缆退化状态强度的分析模型。如果采用不可靠的方法检测和评估,可能导致悬索桥主缆不必要的更换或不可预计的失效。

这项研究的目的是开发检查和评估悬索桥平行钢丝主缆所需的方法指南,提供主缆检查过程,包括钢丝取样和试验的详细规则。通过完整的条款、说明和举例,介绍主缆强度评估的应用条件,以及通过检查和相应的试验室试验确认钢丝性能。

这项研究工作在Altran(奥创)公司和Foster-Miller(米勒)公司的协助下,由Weidlinger联合体实施。

交通研究委员会 David B. Beal

原 书 导 读

本指南适用于对悬索桥主缆的全面评估,明确并标准化主缆在运营一定时间后的评估程序。本指南不可能使一个新手成为悬索桥专家,本指南适用于熟悉悬索桥设计和分析并具备悬索桥主缆知识的工程专家。

一个主缆检查评估小组应包括以下人员:

首席调研员,一名具备悬索桥专业知识的、有经验的工程师,能领导整个项目的全过程。

总检查员,一名具备桥梁检查经验的专业工程师,最好有缆索检查经历。

一名或多名缆索检查员,具备2~3年设计或检查经验的工程师。

工作人员,具备计算机分析、电子表格和应用数学程序经验的工程师。

合格的试验室试验员。

冶金和腐蚀专业顾问。

统计员(如果需要)。

本指南提出了系统、有序的步骤,全面定义了从检查计划到强度评估的整个主缆评估过程。虽然本指南文本的部分内容可以应用于螺旋钢绞线主缆,但本指南主要是针对悬索桥平行钢丝主缆。如果检查工作仅限于个别节段,本指南就不能提供有关主缆的最薄弱环节强度的评估意见。但是在此基础上需要深入调查主缆时,也推荐应用本指南。

第1章主要是关于悬索桥主缆的一般说明,包括主缆的自身结构、与桥梁结构的连接和保护系统。本章用图示方法来说明主缆系统的各个部分,讨论了主缆腐蚀的原因,以及腐蚀分级定位的调查方法。特别值得关注的是用图片显示了腐蚀钢丝的目视外观等级程度,本章也包括术语词汇和健康与安全要求的信息。

第2章系统提出了主缆的三个检查层次——维护人员的定期外观检查、每两年一次的检查和暴露主缆内部钢丝的内部检查。本章包含关于检查测量和记录数据的操作指南,以及抽取钢丝样本的要求。基于有限的打开检查的代表节段数量和主缆检查取得的原始数据,本章推荐了主缆内部检查的频率和检查位置。随着更多主缆检查的实践,可以结合检查结果的实际数据来判断或修改这些推荐意见。

第2章还简单地介绍了新开发的一项声学钢丝断丝监测技术。通过系统监测,记录,主缆内部钢丝断丝的声音并汇总近期断丝情况,以决定何时、尤其是在何处开展下一次检查。这项技术对旧主缆检查是非常有益的,因为选择主缆最佳检查时间和部位是非常重要的。

第3章介绍了从主缆钢丝上取样进行物理和化学试验的要求,包括拉伸试验和通过试验确定钢丝化学成分、锌层的状态。

第4章的重点是主缆内部损伤编目登记和试验结果统计分析的实用技术。主缆强度

（主要是抗拉强度，在某些情况下，还有最大延伸率）评估需要通过计算获得钢丝性能的平均值和标准偏差。这些过程不需要先进的统计知识，使用标准空白表格程序，甚至手工即可完成。本章还介绍了一种稍微复杂的统计分析方法，用来估计给定长度钢丝出现这种性能的最小值，类似于估算一个连续链条中最薄弱环节的强度，曲线图的提供大大降低了这些分析的复杂性。

人们已经注意到，在主缆内部检查时，由于钢丝间的摩擦力，主缆钢丝应力从断丝点经过一段距离（译注：即断丝扩展长度）后又恢复，第 4 章提出了一种应力的估算方法，假定钢丝通过索夹后应力恢复。用这种方法分析时，保守地忽略了缠丝的影响，它是不容忽略的。

第 5 章给出了评估主缆强度的三个模型。模型基于以下假设：即所有主缆钢丝在索夹之间长度伸长相同；一根单独钢丝在最大伸长时断丝，此后不再分担主缆应力；在某些钢丝断丝后主缆的强度小于其面积与钢丝平均抗拉强度的乘积。

第 5 章还介绍了钢丝区分破坏增长等级的分组方法，通过插入图表，辅助评估被评估节段的相邻节段损伤造成的影响（包括断丝的影响）。本章的统计方法比前一章更先进，通过应用极限应变或应力强度的韦伯（Weibull）分布，以及某些电子表格程序，简化了计算。

第 6 章列出了涵盖所有三个层次检查的书面报告的要点。

附录 A 给出了分布方程，以及一个用于计算的分布参数的迭代方法。没有提出使用韦伯（Weibull）格纸的替代方法，替代方法可以在统计教材中找到。用于评估主缆强度的方程式也包括在附录 A 中。

附录 B 表述了计算相邻节段损伤主缆强度对评估节段影响的原因。如果检查所有的主缆节段，计算将是非常冗长的。因此，只应用在检查中发现的情况最严重的节段，或者不应用，除非有必要考虑所有主缆强度全部数据的来源。

由于评估时假设所有节段处于相同的条件，所以导致对主缆强度的低估；提供的附图可以简化计算。

附录 C 给出了三种强度计算的案例，使用的是相同的检查数据。前两个案例使用简化和脆性钢丝模型，假设所有节段处于相同的条件。第三种案例假设所有节段被检查，利用一个容量非常大的电子表格，需要打印 16 页，非常冗长，也表明除非在极端情况下才使用它的原因。

附录 D 说明了通常用来替换损伤钢丝或抽样钢丝的方法。

目　　录

1 概　述

1.1 简　介

1.1.1 指南的范围

本指南主要包括如下内容：

(1)检查桥梁主缆的方法。

(2)以最少的精力和最低的成本获得最佳的统计样本的收集数据标准。

(3)钢丝试验的标准。

(4)评估主缆强度的方法。

(5)指南仅适用于平行钢丝主缆悬索桥。

主要内容是描述楔开主缆内部检查和评估主缆强度的适用条款，但是，大部分的内容在广义上与螺旋钢绞线主缆具有关联性。

1.1.2 指南的用户

本指南适应于以下用户：

(1)悬索桥业主，规划检查和准备工作范围标准。

(2)调查员和下属人员，规划检查和评估检测中收集的信息。

(3)现场检查人员，执行检查。

(4)施工人员，提供通道、打开缠丝和楔开主缆，重新缠包或者是更换防护系统。

(5)试验室人员，钢丝样本试验。

推荐检查间隔时间和部位对桥梁业主是十分有用的，这使得主缆检查和评估规范化、标准化和程序化。然而，本指南无意取代聘请经验丰富的工作人员进行主缆检查或评估。应该由有主缆构件评估实践经验的工程师负责主缆调查，评估主缆强度需要具备大学毕业水平的数学能力。

1.1.3 术语词汇

A

Adjustment　**调整(主缆纺丝法)**：校正每根索股中钢丝的长度，或每根主缆中索股的长度，使所有的钢丝承受相同的恒载应力。

Anchorage　**锚具**：主缆端部结构，也可以理解为把主缆固定在其上面的构件。

B

Bottom of the Cable　**主缆底部**：主缆横截面最低钢丝处。

Bridge Wire　**桥梁用钢丝**：通常指符合 ASTM(美国试验材料协会) A586 标准的悬索桥主缆钢丝。

Bright　**光面钢丝**：无涂层的或是未镀锌的钢丝。

C

Cable **主缆**:悬索桥的主要支承构件。

Cable Bands **索夹**:钢铸件,在主缆上固定吊索。

Cable Band Bolts **索夹螺栓**:在主缆上紧固两个半索夹,并提供正常抗滑力的螺栓。

Cable Capacity **主缆能力**:见主缆强度。

Cable Opening **主缆打开长度**:为了检查而解除缠丝的主缆长度。

Cable Strength **主缆强度**:主缆失效时的最大作用力。

Cast **圈绕**:在钢丝生产过程中形成的弯曲。

Cast Diameter **圈径**:铺在地上的无应力的钢丝在自由状态的圆圈的半径,又称为自由线圈半径。

Cold Drawing **冷拔**:在室温下依次通过更小的拉拔模具的钢丝制造方式。

Compaction **紧缆**:压紧主缆形成尽可能密集的圆形截面。

Continuous Wire **连续钢丝**:没有断裂的钢丝。

Controlled Tension **张力控制**:在空中纺丝形成主缆索股时,保持钢丝恒定应力的方法。

Corroded Wire **钢丝腐蚀**:钢丝部分表面出现铁锈腐蚀(并不意味着截面损失),参见腐蚀阶段分级。

Corrosion Stage **腐蚀阶段分级**:基于外观检测的描述主缆钢丝上锌层退化和铁锈腐蚀逐步恶化的四个阶段。

Cracked Wire **裂纹钢丝**:钢丝有裂纹但没有断裂,检测样本在试验室通过目测可以检查到表面裂纹(在楔开的主缆内部几乎不可能看到)。

Crossing Wires **交叉钢丝**:主缆架设缺陷,主缆中一些钢丝与其他钢丝交叉。

D

Dehumidification **除湿**:降低环境的相对湿度,以防止冷凝水。

Distribution **分布**:用来表达主缆钢丝强度和极限伸长率变化的数学表达式。

E

Effective Development Length **有效扩展长度**:主缆的一段长度,超出这个长度,断丝不再影响在此长度外的节段主缆强度。

Elongation **伸长**:由于应力或温度的改变造成的钢丝伸长。

Environmentally Assisted Cracking(EAC) **环境敏感开裂**:与主缆内部环境相关联的电化学反应引起的裂纹。

Error, Systematic **系统错误**:由不正确的计算、观察或试验引起的重复错误。

Error, Random **随机错误**:由于样品和正在研究的“现实领域”之间的差异造成的错误。

Evaluated Panel **评估区段**:已检查的主缆节段,在此节段计算主缆强度。

F

Free Coil Radius **自由线圈半径**:见圈径。

G

Galvanized Wire **镀锌钢丝**:应用镀锌层的钢丝。

Gaussian Distribution **高斯分布**:常用的概率分布。

Gross Metallic Area **总金属面积**:包括锌层在内的镀锌钢丝的横截面面积。

H

Helical Strand　**螺旋钢绞线**:钢绞线围绕一个中心的直丝卷绕钢丝组成,每一层都是向下一层的相反方向缠绕,也称桥梁结构钢绞线。

Helical Strand Cable　**螺旋钢绞线主缆**:由彼此平行放置的螺旋钢绞线构成的主缆,通常用于短跨度的悬索桥。

Hydrogen Embrittlement (HE)　**氢脆**:由氢渗透引起的钢材脆性和强度降低现象。

Hydrogen-Assisted Cracking (HAC)　**氢致开裂**:需要氢存在的裂解过程。

I

Investigator　**调查员**:负责进行主缆检查和评估的专业工程师。

L

Low Point (of Cable)　**最低点(主缆)**:(主缆)主跨和边跨的最低海拔高度位置。

M

Macroenvironment　**宏观环境**:桥梁一般区域的大气环境,如风、盐雾、融雪(除冰)盐和飞溅区的其他污染物。

Mean　**平均值**:钢丝性能的平均值。

Microenvironment　**微观环境**:影响主缆内部钢丝的因素,包括钢丝表面的水、污染物,酸性和碱性条件,以及硫酸盐、碳酸盐和硝酸盐。

Monte Carlo Technique　**蒙特卡罗技术**:计算主缆最小强度的可能持续时间的统计方法。

N

NDE　**无损检测**:通常借助设备在不伤害结构的条件下对内部损伤进行的检测。

Necking　**颈缩**:钢丝在断裂处直径的缩减。

Net Steel Area　**钢材净面积**:一根未被腐蚀的镀锌钢丝的钢材部分的面积。

Nominal Area　**标称面积**:桥梁用钢丝的总金属面积或净钢材面积的规定值,区别于实际测量的面积。

Normal Distribution　**常态分布**:见高斯分布。

O

Octant　**八分扇区**:这部分的主缆相当于主缆区域截面的1/8和圆周的1/8,或包括钢丝总量的1/8。

Oiling　**加油**:添加油状物(一般是亚麻籽油)进入主缆,保护主缆钢丝不受腐蚀。

Owner　**业主**:负责运营和维护桥梁的公共或个人实体。

P

Panel　**节段**:两个相邻的吊索或索夹之间的部分桥梁或主缆。

Panel Length　**节段长度**:一个水平测量的节段长度。

Panel Point　**节点**:节段的终端。

Parallelism　**平行度**:钢丝平行的程度,优良平行度的标志是很少有交叉钢丝。

Percent Elongation　**延伸率**:两个标注点之间长度的变化。进行钢丝拉伸试验时,从零到破断荷载区间测量,用预设无应力的标距长度(通常为0.254m)的百分比表示。

Ply (of Wrapping Wire) **层(缠丝)**:钢丝绕主缆缠绕,有时是多组钢丝相邻缠绕,形成一层。通常是1、2层缠丝,3、4层很少;层数多,并不表示多层次。

Polarzation **极性**:一个元件的电势的改变(相对于地)。

Preece Test **普里斯试验**:测定不规则的退化的镀锌层最小剩余(最低)耐腐蚀性的标准方法。

Protection System **防护系统**:用来防止主缆腐蚀的方法,包括钢丝镀层、涂油、缠丝、涂层、氯丁橡胶或塑料护套,还有注入干燥空气。

Q

Quadrant **四分之一圆周**:这部分主缆相当于整个主缆截面的1/4和圆周的1/4,或者是主缆钢丝数量的1/4。

R

Random Numbers **随机数字**:没有数学模型的数字,参考蒙特卡罗技术。

Residual Stress **残余应力**:不施加轴向或平面(即地面水平方向)力时的钢丝应力。

Raw Linseed Oil **天然亚麻籽油(RLO)**:亚麻籽油没有干燥作用,用在红铅油膏中,并且用作阻腐剂。

Redevelopment **恢复**:断丝经过断裂处的一定距离后重新恢复的应力或所有钢丝断裂前的应力。

Redevelopment Length **恢复长度**:破断钢丝恢复承受全部荷载功能的距离。

Red Lead Paste **红铅油膏(红丹腻子)**:由铅的氧化物和亚麻籽油组成的腻子,用于主缆缠丝下层作为附加保护。

Ring(of Cable) **环(主缆)**:主缆划分的圆形区域,包括与主缆中心在一个给定的距离内的所有钢丝。

S

Safety Factory **安全系数**:主缆强度与主缆在运营荷载条件下最大主缆应力强度的比值。

Sag Control **垂度控制**:在主缆空中纺丝架设过程中,通过控制最终的下垂量来控制钢丝位置的方法。

Sample **样本**:预期代表所有具有相同性能(例如:处于相同退化阶段)的一组钢丝,参考《钢丝样本》。

Sector(of Cable) **扇区(主缆)**:作为计算用途的主缆饼状区间。

Segment(of Cable) **层(主缆)**:作为计算用途的主缆环状区间。

Shakeout **展开**:去掉所有绑缚,使其呈自由悬挂状态,检查一根空中纺丝索股。

Shop-Fabricated Parallel Wire Strand(PWS) **工厂预制平行钢丝索股(PWS)**:工地现场以外制造的、钢丝相互平行排列的主缆索股。

Specimen **试样**:从钢丝样本切出的用于进行试验的一段钢丝。

Spinning(Aerial) **纺丝(空中)**:通过不断循环拉着钢丝横跨桥梁,直到足够量的钢丝形成一根索股,足够多的索股形成主缆的主缆架设方法。

Splash Zone **飞溅区**:由水流、波浪作用以及车辆飞溅引起的潮湿与干燥交替的区域。

Standard Deviation **标准偏差**:统计衡量的钢丝属性的变化量。

Straightening Stress **拉直应力**:为减小钢丝曲率以与主缆曲率相匹配产生的钢丝弯曲应力。

Strand **索股**:独立的钢丝束,系统地组合在一起形成了主缆。

Strength Test **强度试验**:索股钢丝试样在试验机上受拉到破断的试验。

Stress Corrosion Cracking(SCC) **应力腐蚀开裂(SCC)**:钢丝在有或没有氢作用下由于应力加腐蚀开裂,参见氢致开裂。

Stress-Strain Curve **应力—应变曲线**:强度试验中产生的曲线图,表明了钢丝样本中应力与应变之间的关系。

Suspenders **吊索**:连接悬跨结构和主缆的竖直钢丝绳或索股构件。

T

Tensile Strength **拉伸强度**:钢丝能够承受的最大拉应力。

Tensile Control **应力控制**:参见控制应力。

Tests **试验**:用于确定钢丝性能和主缆钢丝受力的现场或试验室程序。

Turning Point **转折点**:主缆改变方向的位置。

U

Ultimate Strain **极限应变**:钢丝断裂时的应变。

Unloaded Side Spans **无荷载边跨**:没有吊索的边跨(在悬索桥边跨区域桥面不是由主缆支承)。

UV **紫外线**。

V

Variance **方差**:主缆钢丝属性的统计值,与标准偏差有关。

W

Wedging **楔开**:用塑料或者橡木楔子插入主缆钢丝中,打开一个空间观察内部钢丝。

Weibull Distribution **韦伯分布**:钢材强度常用的概率分布。

Weight of Coating Test **锌层重量试验**:确定桥梁用钢丝的平均镀锌层的重量的标准试验。

Wire(in cables) **钢丝(主缆)**:用于制造主缆的、直径可达7mm的细长连续的高强度钢构件。

Wire Rope **钢丝绳**:由六根或者是更多的螺旋钢绞线,环绕一根独立的麻绳或另外一条钢绳或钢绞线组成的钢结构件。

Wire Sample **钢丝样本**:从主缆上取样用于试验的一段钢丝。

Wire Strand **钢绞线**:区别于钢丝绳的钢结构件,由多层平行的纵向钢丝或螺旋钢丝制造而成,后者也称桥梁钢绞线。

Wire Strength **钢丝强度**:钢丝断裂时的应力。

Wrapping(Wrapping Wire) **缠丝(缠包钢丝)**:在大部分主缆上形成覆盖保护层,连续成圈的软钢丝。

Y

Yield Point **屈服点**:钢丝应力—应变曲线上的一点,该点的残余应变是0.2%。

Yield Strength **屈服强度**:屈服点的钢丝应力。

Z

Zinc Coating **镀锌层**:按工艺规范和标准镀锌,使锌层均匀镀在桥梁钢丝上,用以防止腐蚀。

1.1.4 专业机构

按首字母排列:

AASHTO 美国国家公路运输管理员协会

AISC	美国钢结构学会
ANSI	美国国家标准化组织
ASCE	美国土木工程师协会
ASTM	美国试验材料协会
AWS	美国航空气象处
EPA	美国环保署
FHWA	美国联邦公路局
NCHRP	美国公路合作研究组织群
OSHA	美国职业安全与卫生条例
USCG	美国海岸警卫队

1.1.5 国家准则与标准

出版资料:本指南介绍了从实践得出的检验频率,提供了具体的材料和训练以及提高工作人员素质的指导方针,请参考以下出版资料。

AASHTO	《桥梁状况评估手册》(第二版)1994 年
FHWA	《桥梁检测培训手册》1990 年
FHWA	《桥梁主要构件破坏的检测》1986 年
NBIS	《桥梁检测的国家规定指南》(国家桥梁检测标准)1988 年

公共安全出版资料:以下列举的国家文件中包含了关于公共安全的规则和标准。

ARC	《标准性急救工作手册》(美国红十字会)1911 年
FHWA	《统一交通控制设施手册》2000 年
OSHA	《国家规章制度(CFR)》第 29 条
OSHA	《国家规章制度 (CFR)》第 23 条(高速公路安全部分)

1.2 健康与安全要求

在繁忙的高速公路和航道上检查主缆,对人和环境会产生危害。因此,在计划和落实检查项目时,保护施工人员、检查人员、驾驶员、行人以及航运交通的安全,是很重要的工作。

业主通常会要求承包商制订一个健康和安全计划,计划要与业主的健康安全规定相符,并得到业主的最终认可。该计划必须包括所有政府和业主要求的条款规定。

1.2.1 铅与主缆

解除缠丝的主缆会向周边环境释放干燥的氧化铅腻子,这是联邦法规所禁止的。因此,必须建立保护性帷帐(保护罩)。美国环保署(EPA)和 <美>《职业安全与卫生条例》明文规定,要监测桥梁检查人员和施工人员的血液,并采取以下防止铅吸收的措施:工作服必须定期更换,并不准带回家。

吸烟会加速铅的吸收,如果允许吸烟,也必须严格遵循保健规定。严禁在有易燃物的工作平台上吸烟。

根据 <美>《职业安全与卫生条例》(第 29 条,D 部分,1926.62)的规定,控制、处理和处置程序必须在施工前得到确认。

1.2.2 <美>《职业安全与卫生条例》的其他规定

<美>《职业安全与卫生条例》规定中还包含了交通环境下的安全工作(第 23 条)以及必须在暴露的环境下工作(第 29 条,L 和 M 部分)。

有些业主要求检查人员佩戴安全带,两条吊带总是系在两根扶手绳上或者工作平台的其他独立的构件上。有些业主要求检查人员在主缆上行走时(安全带)必须系在扶手绳上,在密封的工作平台上则不用。

1.2.3 人员培训计划

工作人员必须熟悉与主缆检查相关的健康危害,并且要对他们进行健康保护相关仪器的使用和检测程序的培训。请参照<美>《职业安全与卫生条例》中的适应性手册培训要求。

1.2.4 行人与车辆交通

为保证桥上、公路、人行道和桥下区域的交通,所有建筑设备、材料、小工具、楔子(楔子有时可能因钢丝挤压从主缆弹射出来)等,必须置留在工作平台范围内。基于这个原因,在吊索周围的工作平台应该装有踢脚板和无通透的地板。推荐使用细网或防护罩。把它们固定在扶手绳上,从工作平台的一边到另一边完全圈住整个工作空间。

1.2.5 航行安全

航行水域上所有的工作必须经美国海岸警卫队 USCG 批准。船只的保护计划是工作规范的一部分内容。美国海岸警卫队对燃烧(下落的火花)、航船上方的建筑、猫道上的易燃气体数量、坠落物、水道污染等进行控制管理。他们预计将强制执行安全法规,包括主缆工作人员之间和附近船只的船员之间的通信。

1.2.6 桥梁安全计划

业主一般要根据当地政府建设管理部门的具体规定,对涉及靠近铁道或人行道,维护交通和车道关闭等工作负责。业主也负责办理主缆工程需要的不同类型的保险。承包商和检查人员对业主的有关规定承担责任。

当检查人员和施工人员在平台上工作时,必须有一条备用船。据报道,主缆涂装作业曾经对交通工具造成过损害。拆除吊索(为了靠近索夹)可能会在车辆较多的高速公路或者是铁路附近进行施工,此时可能不得不封闭一段时间交通,以确保公共安全。

1.3 悬　索　桥

悬索桥是一种大型的、独特的建筑结构,由两根或两根以上的主缆将桥面的重量和大部分活载传递到支承主缆的桥塔上。悬吊系统承担应力,两端必须牢固锚固。这些主缆临界断裂,没有多余的荷载通道。

图 1.3 是典型的悬索桥结构视图。

图 1.3 标明了悬索桥主要构件和主缆最低点部位,这对主缆评估有重要的意义,参见第 2 章。

1.3.1 主缆和主缆钢丝

大部分北美的桥梁主缆都是由直径为 0.192in(4.876 8mm)的钢丝组成,镀锌层厚为 0.002in(0.050 8mm),6ft 的盘绕[即 3ft(0.914 4m)的自由盘绕半径],碳含量大约为 0.8%。

基于钢丝的总金属面积,包括镀锌层的横截面面积,规定最小破断强度在 215ksi(1 482.425MPa)到 225ksi(1 551.375MPa)之间。

纽约的威廉斯堡大桥(Williamsburg Bridge)就是一个有名的案例,它的主缆是由光面(没有镀锌的)钢丝构成的,平均直径为 0.190 7in(4.843 78mm)。另一个案例是布鲁克林大桥(Brooklyn Bridge),主缆

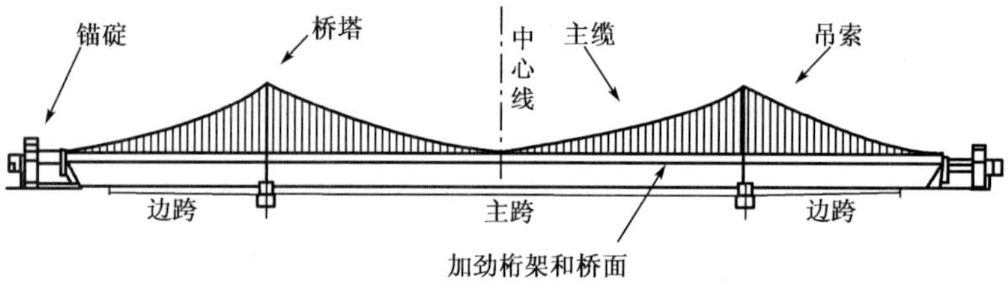

a)主要构件识别

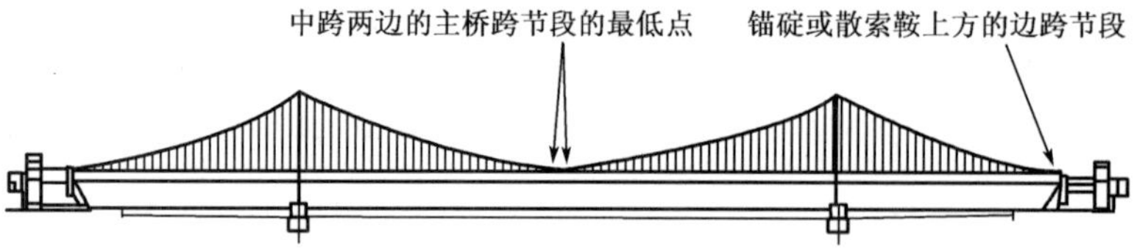

b)最低点分布

图 1.3　典型的悬索桥

是由平均直径小于 0.184in(4.673 6mm)的镀锌钢丝构成。

钢丝的自由圈径与制造方法(即拉拔)有关,它是钢丝在盘轴上缠绕穿过模具时产生的。现在有些钢丝制造商能生产近乎笔直的钢丝,自由圈径达到 25ft(7.62m)或者更大,最小破断强度为 260ksi(1 792.7MPa)。这种钢丝可能有更好的抗断裂性能。制造过程也会在钢丝内形成残余压力,在内圈可能达到 30ksi(206.85MPa)。

1.3.1.1　钢丝制造及其化学成分

1.3.1.1.1　圈绕

当钢丝在主缆中拉直时,小盘直径会对内部圈绕钢丝施加高强度的应力。破裂几乎都出现在钢丝的这个区间,在荷载下,钢丝拉直引起的拉伸弯曲应力为最大。与桥跨的拉直应力不同,由于增加了绕索股的弯曲应力,减少了圈绕钢丝中的残余应力的影响。一根假设无缺陷的主缆由直(未圈绕的)钢丝组成,这种钢丝是拉直弯曲钢丝来消除弯曲应力。索股需要嵌实锚固,以避免钢丝环绕索股弯曲时产生高弯曲应力。而且,如果承包商有成熟经验,能减少主缆内部交叉钢丝的数量,嵌实锚固后索股内钢丝长度会完全相等。

1.3.1.1.2　化学成分

钢丝中的合金成分控制氢吸收率,会影响其应力腐蚀的敏感度。Cr(铬)增强,而 Ni (镍)减弱氢脆(HE)的敏感度。Si(硅)和 P(磷)有较小影响或毫无影响。有时添加硅开发细晶粒钢丝,然而镍和铬通常在制造钢丝过程中是多余的元素。

表 1.3.1.1.2 列举了主缆钢丝的元素成分及其重量百分比。

主缆钢丝的元素成分及其重量百分比(单位:%)　　表 1.3.1.1.2

成　分	最 小 值	最 大 值
碳	0.65	0.82
硫		0.04
磷		0.04
锰		0.80

续上表

成分	最小值	最大值
硅		0.15
镍		0.12
铬		0.10

碳含量要足够高才能够形成珠光体钢结构，但是不能超过0.82%，没有游离渗碳体时达到最大值。如果碳含量超过了0.82%，就会导致硬度大但易碎的结构，在冷拉时容易出现断裂。在渗碳体中产生的微裂纹，会降低韧性，并且为氢对钢材的破坏提供了机会。

1.3.1.1.3 镀锌

冷拉钢丝在镀锌之前通常要进行酸洗。在镀锌之前要注意清除钢丝上所有的氢。

热镀锌层隔离钢丝和腐蚀介质；如果钢丝中钢材暴露出来（镀锌层刮伤或失效），锌—铁电池为暴露在潮湿环境中的钢丝提供阴极保护。这样有好处也有坏处，因为极化会在电解液（微环境）中产生氢离子，氢离子能够进入钢丝中。

镀锌必须在冷加工后并且把所有氢从钢丝金属中清除后才能进行。氢会穿过钢材，但不能透过锌。

锌和钢的界面是一层易碎的锌铁合金，这种合金可能会在锌层被耗尽之后促进钢丝的腐蚀。

1.3.1.2 钢丝性能

1.3.1.2.1 强度

钢丝虽然容易被腐蚀，但是高强度的钢丝仍然是受欢迎的。冷拉钢丝较有相同化学性能的热处理钢丝更能够抵抗应力腐蚀和氢致开裂。

1.3.1.2.2 硬度

硬度与碳含量有关，屈服强度随着硬度的增加而增加。钢丝通常不检测这种性能。

1.3.1.2.3 韧性

除非受到腐蚀产生了缺口，桥梁用钢丝不会因为道路负载导致疲劳。临界应力强度因子K_{IC}只有在腐蚀引起缺口和材质变脆时才有意义。

应力腐蚀裂纹的应力强度因子K_{ISCC}决定失效时间，是随应力和周围的负载强度而改变的。虽然Mayrbaur[1]指出可能有一种技术能够通过断裂钢丝的强度试验来评估K_{IC}，但是并没有钢丝韧性K_{ISCC}或K_{IC}试验的相关标准。

研究疲劳时，K_{ISCC}是与应力腐蚀K_{IC}等价的，是裂纹变得不稳定时的应力强度。而在相对稳定的环境下，腐蚀的潜伏期跟K_{ISCC}有关。

1.3.1.3 空中纺丝主缆

20世纪前，北美已经建立起了29座空中纺丝主缆悬索桥。通过保证架设时钢丝垂度，来确保所有钢丝的应力相同。一旦一条索股架设完成，再用这种垂度控制方法调整其他索股，这种调整方法是非常准确的。

钢丝切断或拼接是一种发现索股鼓丝出现不同垂度时矫正钢丝长度的方法。架设过程中主缆会出现一些钢丝交叉和小空隙，与密实的主缆相比，水会渗水入主缆并维持较长时间。交叉钢丝会产生接触点，该点锌层会被挤压力破坏掉，成为钢丝局部恶化区域。断丝常常在这些接触点出现，在检查中常发现由于交叉钢丝引起的小空隙。

现代的主缆一般是用控制张力的空中纺丝方法和由工厂预制平行钢丝索股的方法架设，几乎没有交叉钢丝。一般认为它们非常密实并且具有耐防水性能。

1.3.1.4 平行钢丝索股主缆

工厂预制的平行钢丝索股主缆比空中纺丝主缆性能优异，因为这些索股是在工地外制造，制造过程比在工地现场容易控制。再者，这些索股是由近乎笔直的钢丝制成，残余应力很小，并且有锚具锚固，从而降低拉伸应力。

美国有两座悬索桥的主缆符合这种情况：美国罗德岛州纽波特的纽波特桥（New-port Bridge）以及美国马里兰州的桑迪波因特肯特岛的小威廉·普雷斯顿里纪念大桥Ⅱ。

1.3.1.5 螺旋钢绞线主缆

在美国和加拿大，有21座螺旋钢绞线主缆悬索桥。本指南不涉及这些悬索桥，它们主要是一些跨度较小的桥。这些索股之间外部的空隙填塞棱柱形木或者加工成型的金属块，使主缆外观呈圆形。加拿大亚伯达邓韦根桥（和平河）的主缆由散开的螺旋钢绞线组成，留有很大的空隙更换索股，并且没有填充物。

1.3.2 桥梁主缆细节

桥梁主缆细节不属主缆本身的主缆系统其他部件，如主缆转折点处的支承件和配件，以及吊索与主缆之间的连接件，但它们会影响钢丝性能和钢丝检查。下面，对它们进行介绍。

1.3.2.1 主索鞍

塔顶的垂直力非常大，除少数例外，比主跨和两边跨的恒载和活载之和还要大。事实上，整座桥梁的重量由塔顶支承，塔顶也是主缆改变方向的地方。这个力由主缆通过主塔索鞍传递到桥塔。

锚碇作用于主缆的向下的拉力（如果主缆是斜向锚碇），比任何边跨可能产生的反作用力都要大的多。因此，桥塔承受了整座桥的重量及锚碇作用于主缆的向下拉力，其他部位不承受这种向下拉力。

由钢丝向索鞍传递的正压力与鞍座半径呈反比，位于索鞍鞍槽底层的主缆钢丝，承受最大正压力。理论上，这些应力减少了钢丝的承载力，但是如果索鞍结构能够合理运用，也不会产生危害。

主索鞍座通常是固定在塔的顶端，当边跨和主跨受力产生偏差时，就会产生偏移。这种弹性塔体能承受的偏移将力差减少到一个可以忽略的较小值。

图1.3.2.1是一种典型的主索鞍结构。图1.3.2.6-1中的主索鞍装了一个螺栓固定的盖板，检查时可以移开，还安装了索鞍护罩，能够遮盖住整个索鞍。为了方便检查，需要去除钢丝上的一层石蜡护层。

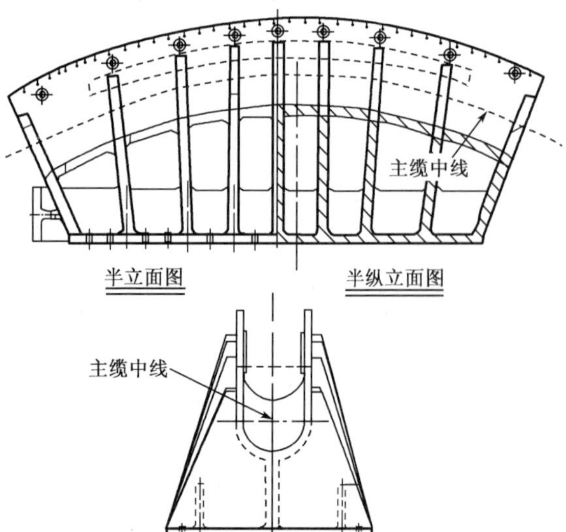

图1.3.2.1 主索鞍

1.3.2.2 锚碇和散索鞍

锚碇和锚碇索鞍改变了主缆的方向，使主缆与锚碇的锚固结构相适应。锚碇索鞍，又叫散索鞍，有时会改变主缆竖直半径和水平散开。正因为如此，主缆索股能直接从索鞍分散到锚固结构。如果锚碇索鞍不是散开的，在索鞍和主缆索股锚固装置之间需要散索套。索鞍、散索套、索股靴、眼杆都设置在或者靠近主缆锚碇处。图1.3.2.2-1表示的是一个典型的主缆锚碇。

锚碇索鞍有时是锚碇的一个固定部分，支承在转轴上，适应由于应力和温度造成的索鞍和锚固点之间索股长度的变化。

在几座桥的索鞍两端的主缆底部发现有受损和断裂的钢丝，这是因为水渗入到锚碇外部的主缆，在索鞍端部形成积水，或者是水流入到索鞍槽内部并且浸湿了底部的钢丝，又或者是凝结在钢丝的两端。凝结水的形成一般是因为春天湿润的空气进入锚碇，而锚碇内则保持了冬天寒冷的温度。

通常，散索鞍平分内部主缆角度。没有散索套散开时，主缆沿一条垂直曲线从散索鞍朝锚固点改变方向。索鞍由独立的支柱支撑，这些支柱连接在基础上，如果这些支柱有足够的弹性，也可直接固定在地基上。

当锚碇结构不能延伸至公路水平面时，散索鞍会设置在边跨尾端独立的主缆转折处。在这种情况下，它们不能平分内部主缆角度，需要提供附加索股防止索鞍的索股滑动。

图 1.3.2.2-2 为典型的散索鞍。

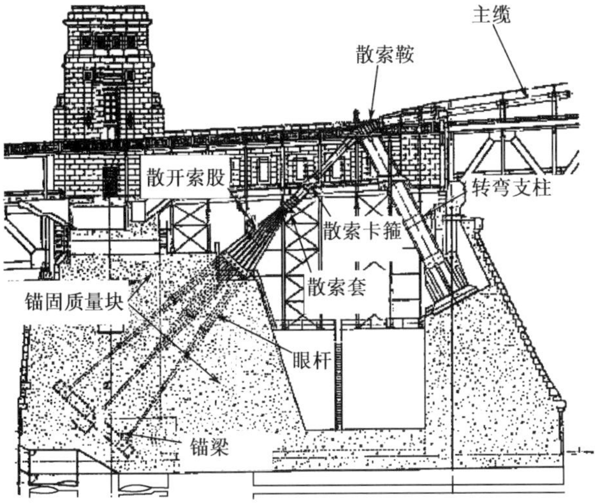

图 1.3.2.2-1　主缆锚碇

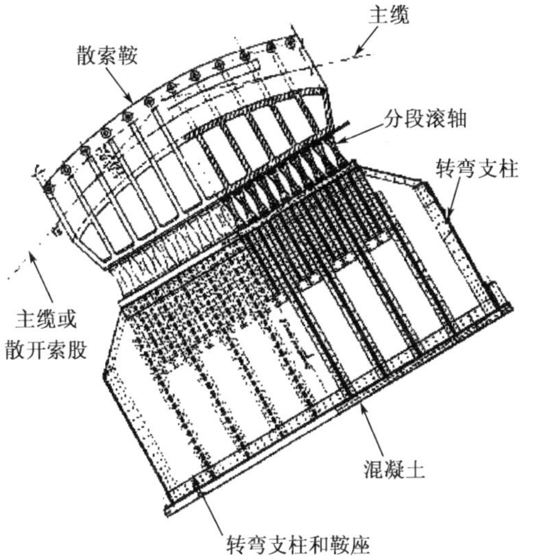

图 1.3.2.2-2　典型的散索鞍

1.3.2.3　散索套

散索套是控制索股相对锚固装置外张方向的构件。散索套设计承受索股产生的散开力，通过夹紧散索套上方的索夹防止其向上滑动。

主缆中水的通道会导致散索套中的钢丝被腐蚀，表现在散索套的底端会出现白色或者褐色的沥出液。

检查散索套中的钢丝是一项很复杂的工作，通常要求暂时拆开散索套。所有的张开索股保持相同的应力，利用支撑框架沿着主缆向上移动扩散点，同时钢丝的长度和原始应力保持不变。

图 1.3.2.3 为散索套和散索卡箍。

1.3.2.4　主缆锚固装置

1.3.2.4.1　索股靴

索股钢丝一般环绕索股靴，靴通过销接锚固在两根眼杆上，后来改用一个眼杆和两个索股靴，销接在两端把索股分成四等分。其他体系则要求索股靴带有高强度锚固杆。

如果锚碇的空气是湿润的或者水从桥面渗入到锚碇，主缆的下半部分通常会受到损害，特别是在钢丝和索股靴的交界面容易积水。这个区域的受损通常都是腐蚀，会引起钢丝截面损失。

索股靴处钢丝的修复要视受损程度而定。如果只有很少部分断丝，通常是通过逐根剪断并且拼接新的钢丝；如果是大面积受损，通常是剪断损坏索股，把尾端锚固，然后再重新固定。

图 1.3.2.4.1 为纺丝法主缆的索股靴。

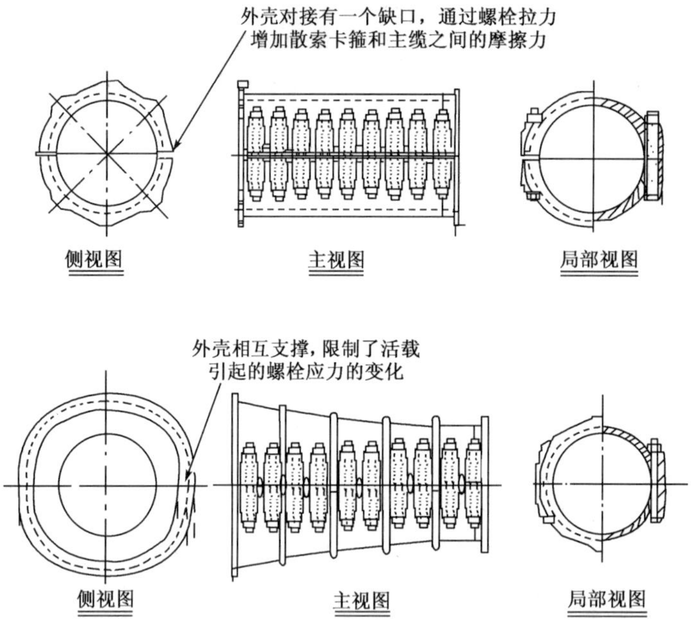

图 1.3.2.3　散索套和散索卡箍

1.3.2.4.2　平行钢丝索股终端(锚具)

平行钢丝索股终端用锌或复合热固树脂锚固,而不是用索股靴。这些锚具与嵌入锚碇混凝土中的锚固组件相连。

1.3.2.4.3　眼杆

眼杆是固定在深埋于锚碇混凝土块中的锚梁框架结构上。眼杆的中点可能不是正对主缆散索鞍或散索套,而是稍微偏下,为眼杆端部的索股力提供一个向内的分量。为防止眼杆弯曲,在每一股索股间的眼杆之间都安装间隔臂,使眼杆相互支承。它们常常与一个中央杆件(所有销轴都穿孔通过)横向绑扎连接。在湿润的锚碇上,眼杆的腐蚀出现在其与混凝土块的交界处,损伤通常隐藏在锈块中。

图 1.3.2.4.3 为典型的眼杆。

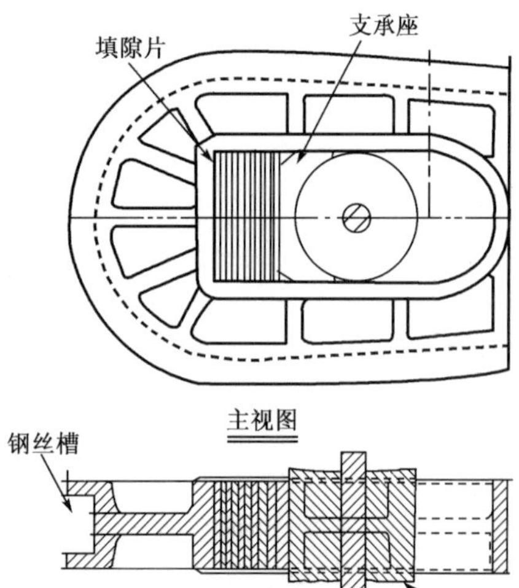

图 1.3.2.4.1　纺丝法主缆的索股靴

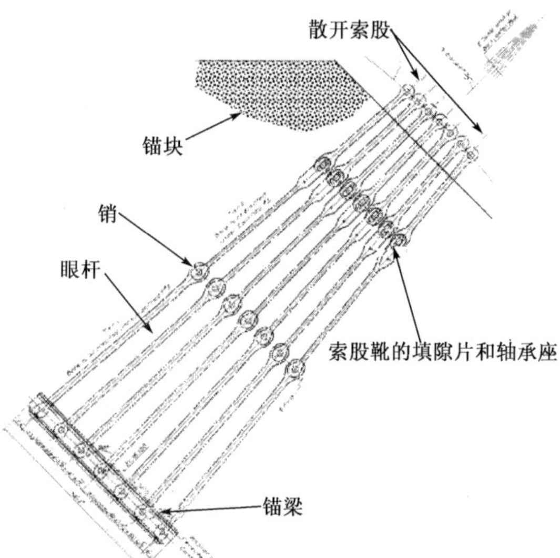

图 1.3.2.4.3　典型的眼杆

1.3.2.5　吊索和索夹

吊索预计可以使用35～65年，为保持更长的使用寿命，吊索需防止与其他部位摩擦，特别是吊索的底端。

钢丝绳吊索有二肢，但是它们实际是一条完整的缆绳，两端用两个锚具锚固，一个锚具锚固在桥面，吊索索体环绕索夹，另一个锚具也锚固在桥面处。

如果吊索设计为骑跨索夹，那么吊索也为索夹螺栓正常紧固添加一个力，增加了防止索夹下滑的抗滑力。这种类型的吊索在北美的桥梁应用较多。

由钢丝索股制成的吊索不能跨越主缆弯曲，需要锚具连接。这种吊索比较结实，也因此比钢丝绳吊索更轻便，这也在某种程度上简化了索夹。

索夹是由两个对合半圆体结构组成，通过螺栓连接固定在主缆上。每个索夹的螺栓数量是由吊点位置主缆的倾斜度决定的，对主缆挤压的摩擦力能够防止索夹下滑。如果主缆越陡峭，需要防止滑动的螺栓越多。有一个索夹被移除，那么在索夹上的吊索也要被拆除。

由于钢丝锌层蠕变，紧固索夹螺栓的应力随着时间的推移会慢慢减小。损失可能高达65%的初始张力。

图1.3.2.5为典型的索夹。

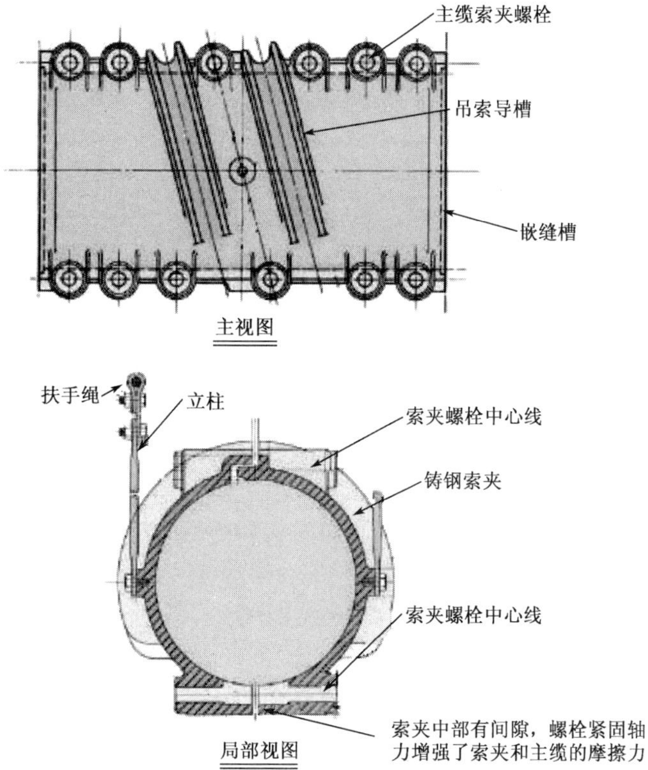

图1.3.2.5　典型的索夹

1.3.2.6　保护附件

暴露在大气环境条件下的主缆钢丝需要采取附加的保护措施。主缆缠丝或者保护体系会在索鞍处中止，使系统造成中断。索鞍上方表面的主缆钢丝也是暴露的，需要一个鞍罩遮盖住整个鞍座，或者在索鞍的顶端装一块盖板，为主缆建立一个防水密封的空间。这些保护措施必须满足可以进行检查的条件。

图 1.3.2.6-1 为一个同时有索鞍盖板和鞍罩的索鞍。

如果主索鞍鞍槽是六边形的，那么主缆从一般的圆形转换到六边形会使紧缆压实比较复杂，过渡段要用长缆套代替缠丝。缆套必须满足主缆相对索鞍的倾斜度变化。

图 1.3.2.6-2 为与主索鞍相邻的缆套。

图 1.3.2.6-1　打开主索鞍进行检查

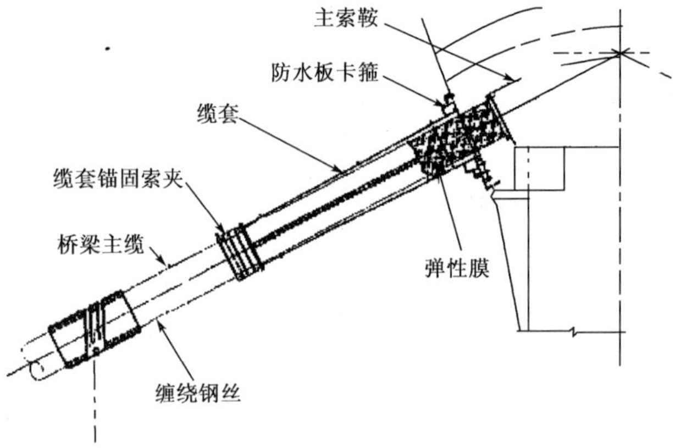

图 1.3.2.6-2　与主索鞍相邻的缆套

1.3.3　主缆保护体系

1.3.3.1　镀锌

除了很少的例外，主缆钢丝都镀有一层锌。根据外部保护体系的有效程度，锌层可能是无限期的，大部分钢丝锌层可能在 20 年内耗尽。

锌层完全消耗相当于腐蚀等级的 2 级后期和 3 级开始的情形（参考 1.4.2.2）。这种情况描述的是整根钢丝或者是局部区段，镀锌不连续也会加速腐蚀。两种情况都标志着钢丝开始脆化或者出现环境影响开裂。

1.3.3.2　油和油脂

早期的一些桥梁的钢丝是在纺丝中或紧缆时涂上油脂，在某些情况下，尽管主缆外部缠丝条件很差，但部分涂上油脂的钢丝即使在过了一个世纪之后仍然还像新的。布鲁克林桥和曼哈顿桥就是显著的例子。

在其他情况下，即使涂上油脂，钢丝在局部锌损伤的区域也会出现裂痕和损害。有人认为，涂油脂和加油的钢丝比没有涂油脂的钢丝更耐腐蚀侵蚀。这可以解释为什么在涂油脂和加油钢丝腐蚀仅限于极少数严重损害的小孤岛。

1.3.3.3　腻子

过去，不同的腻子被用作新缠包钢丝的一种保护层，防止水的侵蚀，红丹腻子是主要原料；近年来，更常用的是锌基产品。

红丹腻子：主缆缠丝下层传统使用的腻子是用一种氧化铅粉（Pb_2O_3）和天然的亚麻籽油（RLO）根据以下比例配方混合而成。

氧化铅：95%；

天然亚麻籽油：5%。

转换为用体积计量，大致上是 70% 的氧化铅和 30% 的天然亚麻籽油。

新涂覆的红丹腻子会释放出许多抑制离子，减少阴极和阳极的电位差。然而，过一段时间之后，油会聚合收缩，腻子会开裂脆化，不再是一个不可渗透的阻蚀层。

锌基腻子：由于红丹的有害性质，欧洲和美国现在采用的是锌基腻子。

湿固化聚氨酯纯锌填料用于丹麦的大贝尔特桥（Storebaelt Bridge）。

在美国，已将含有锌、氧化锌、腐蚀抑制剂和抗聚合反应有机油的混合物用于几个桥梁主缆修复工程中。

铅和钙基腻子：这是一种高铅酸钙、碳酸钙和亚麻籽油的混合物，已经在日本的本州四国联络桥中应用。

1.3.3.4 缠丝和涂装

在北美，已经有几种主缆外部防护体系被运用到悬索桥主缆上，包括：

（1）腻子，钢丝缠丝和涂料涂装。

（2）弹性橡胶缠包带。

（3）玻璃纤维聚丙烯复合防护。

（4）以上几种防护的组合。

1.3.3.4.1 缠丝

缠丝一般用A类镀锌层的9号软钢丝。在日本，一些桥梁采用互相扣合的S形状的钢丝。缠丝需要应用动力驱动的缠丝机，多个卷轴可以同时缠绕1～3根钢丝。图1.3.3.4.1是二轴缠丝机主缆缠丝，形成了双层缠丝，同一层的钢丝相互成螺旋状排列。在图1.3.3.4.1中，两根缠丝中有一根已经断开，导致在缠丝形成了一个缺口，通过这个缺口可以看到里面的钢丝。

图1.3.3.4.1 双层钢丝缠绕

用于覆盖并且密封缠丝的涂装体系，在几年时间内，从醇酸树脂到湿固化聚氨酯，再到水溶性涂料变化，对于防止水渗入主缆有很好的效果。不幸的是，它们也把水存封在主缆里面。

1.3.3.4.2 弹性橡胶缠包带

弹性橡胶缠包带能够有效地阻隔水分渗透，也使通过主缆索夹渗入的水分保留在主缆中，除非有辅助系统。

有时用相互叠合的氯丁橡胶和氯磺酰化聚乙烯合成橡胶直接用于整个缠丝的表面，为缠丝钢丝形成一个保护膜。保护性涂料通常都是以氯磺酰化聚乙烯合成橡胶为基质，因此，它受紫外线的影响比氯丁橡胶要小。

1.3.3.4.3 玻璃纤维聚丙烯复合防护

在北美，有两座悬索桥采用了玻璃纤维聚丙烯复合防护体系。玻璃纤维用于加固聚丙烯，聚丙烯是一种透明基体，属于名为甲基丙烯酸酯的复合物。玻璃纤维聚丙烯复合防护用于隔开主缆钢丝的聚乙烯层上，通过添加色素确定复合物的颜色。在主缆索夹边需要设计好嵌缝系统，每个节段防护外壳不像主缆钢丝承受相同的应变，这时，玻璃纤维聚丙烯的功效就不太确定。

甲基丙烯酸酯易受紫外线的影响，新使用的甲基丙烯酸酯与热固环氧树脂不同，它会固化甲基丙烯酸酯硬化成团。Eliminator是一种甲基丙酸酯产品，喷涂后能形成一层厚厚的弹性橡胶膜，这种橡胶曾被用于博斯普鲁斯大桥中缠丝情况很差的主缆上，具有很好的效果。

1.3.3.5 除湿

最新开发的主缆防护体系不再使用腻子，钢丝也不涂油脂。明石海峡大桥，首先采用了一种钢丝缠丝和弹性橡胶带缠包的防护体系。通过注入除湿后干空气，主缆相对湿度低于40%[2]，一般认为，这种湿度值低于主缆腐蚀产生的临界值。

1.4 腐蚀的原因

1.4.1 概况

引起腐蚀的基本原因是水和水的溶解物。没有水，就不会引起腐蚀。许多条件影响主缆中水的数量，如腐蚀性以及钢丝对侵袭的敏感性。

1.4.1.1 环境因素

桥梁周围的空气中包含了湿气、污染物、溶解气体、盐雾，所有这些物质都可能引起腐蚀或诱导氢的侵蚀。这些因素与除冰盐和主缆靠近桥面行车飞溅区域等其他综合因素，在长期宏观环境下组合在一起。

在高温和潮湿季节，水通过雨天或蒸汽成为积水渗入主缆。当温度下降时，水蒸气凝结成了水，并且在钢丝的表面凝结成水珠。

在主缆内部，可能会影响钢丝的条件被称为微观环境。

桥梁主缆中观察到的五种类型的微观环境，导致主缆钢丝开裂和断裂：

(1)酸雨化学成分与锌反应，导致析氢。

(2)碳酸盐或碳酸氢盐化合物，呈碱性或高酸性。

(3)硝酸盐化合物，呈碱性或酸性。

(4)碱性化合物。

(5)海水或盐雾，呈弱碱性。

1.4.1.2 水源渗透

保护体系外部：水会在缠丝层或缠丝涂层开裂的地方渗入主缆。

底端的索夹槽：完全或者部分打开允许内部水流出的地方，主缆外部水流或风雨天时可能成为进水点。

外壳：损坏或维护差的鞍罩和遮雨板外壳是索鞍和锚碇附近的钢丝破坏源。

凝结：涂料开裂处和其他进水点也是水蒸气的渗入点。唯一能有效防止凝结水的方法就是除湿。

1.4.1.3 主缆架设过程

主缆紧缆较差和钢丝交叉会使主缆出现异常的较大空隙，使水渗入到主缆内部。交叉的钢丝在其相交点会挤伤锌层，这就有可能使水中的电解质被激活而产生极性。

1.4.1.4 钢丝的敏感性

主缆钢丝的强度取决于它的高含碳量和钢丝的冷加工，这两种情况都使这种钢丝比轻型钢材更容易被腐蚀。镀在钢丝表面的锌层的抗腐蚀效果较好，但若局部锌层耗尽，会激发极性，从而导致钢丝退化。

1.4.1.5 钢丝应力

拉伸应力会减少钢丝的抗腐蚀性。钢丝的应力源于盘绕的残余弯曲应力、放盘的拉直应力和恒载、活载应力。钢丝制造时小直径成盘，有较高的残余弯曲应力。X射线的衍射法估计高达30 ~ 36ksi

(206.85 ~ 248.22MPa),叠加拉直钢丝成索股弯曲产生的应力更高。由此产生的应力(可能大于恒载应力)在圈绕弯曲时是拉应力,在外部则呈现压应力。在恒载作用下,总应力达到或接近钢丝的屈服强度,因此,所有主缆破裂情况出现在盘绕内部并不是偶然的。

现代应用的直钢丝并不存在这种应力,但是如果采用空中纺丝,必须应用大直径的索股靴减小应力。直钢丝索股锚固在两端是一种理想的状态,跨间弯折和残余应力小,应用锚具消除了对索股靴的需求。

1.4.2 腐蚀机制

1.4.2.1 锌层腐蚀

锌在干燥空气中生成氧化锌,在潮湿环境中还会进一步发生反应:比如,大气中的二氧化碳和二氧化硫溶入水中,会和锌、氧化锌发生化学反应,生成碳酸锌($ZnCO_3$)、氢氧化锌[$Zn(OH)_2$]以及硫酸锌($ZnSO_4$)。

氧化锌和氢氧化锌属于弱钝化膜,相反,碳酸锌则属于很有效的钝化膜。环境因素干扰碳酸锌的形成会导致镀锌层的退化。硫酸锌易溶解,很容易就会被流动的水冲走,因此,酸雨会耗尽镀锌层。

酸雨与锌接触会反应产生氢,例如,碳酸(H_2CO_3)一种弱酸,会产生氢。

锌的消耗率是由下列条件决定的:大气污染程度(工业污染面积较之海洋污染更大);渗入主缆的湿气的持续时间、频率和数量;干燥速率。

1.4.2.2 镀锌钢丝的腐蚀阶段分级

以下主要针对桥跨的镀锌钢丝进行讨论。锚碇的镀锌钢丝和所有没有镀锌钢丝的腐蚀机制不同。

脆化的钢丝受到表面侵蚀会产生横向开裂或脆性开裂。

钢丝腐蚀是根据目视腐蚀阶段进行分类的,下面描述四种腐蚀阶段的特征(译注:简称为4级)。

第1阶段(1级):钢丝上出现斑点状的锌的氧化物;

第2阶段(2级):锌的氧化物覆盖了钢丝的整个表面;

第3阶段(3级):在3 ~ 6in(76.2 ~ 152.4mm)长的钢丝表面,有30%的面积覆盖有褐色铁锈斑块;

第4阶段(4级):在3 ~ 6in(76.2 ~ 152.4mm)长的钢丝表面,有超过30%的面积覆盖有褐色铁锈。

图1.4.2.2为主缆钢丝的腐蚀等级。

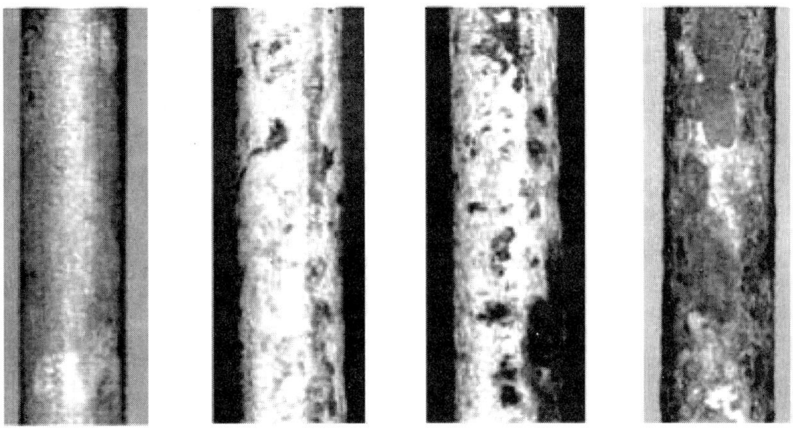

a)1级 b)2级 c)3级 d)4级

图1.4.2.2 主缆钢丝的腐蚀等级

继霍普伍德 Hopwood 和黑文斯 Havens 在 1984 年的研究定义之后[3]，这些腐蚀阶段划分就被采用。即使腐蚀仅仅是局部的，但是扩大之后也会产生很大危害。

第 2 阶段的钢丝可能有白色粉末，标志锌氧化，但是并不代表锌层耗尽了。锌的耗尽会出现暗灰色，如果含有硫，会出现深灰色甚至是黑色。

试验表明，5% ~20% 的第 3 阶段（3 级）钢丝和 60% 的第 4 阶段（4 级）钢丝可能出现裂痕。

1.4.2.3 桥跨镀锌钢丝受损

密实主缆内钢丝受损主要呈现平口和凹陷类型。同时，它们没有出现新钢丝中存在的颈缩现象（即延性破坏）。

平口和凹陷型缺陷是钢丝盘绕内层的横向裂缝开始的开裂，然后与钢丝水平轴线成一个角度连续扩展，最后破断，过程是横向的。

在 Hopwood 的调查中，螺旋钢绞线主缆中的钢丝也发现了存在同样的钢丝失效。完全横向和螺旋失效也被观测到。

图 1.4.2.3 为典型的钢丝断裂。

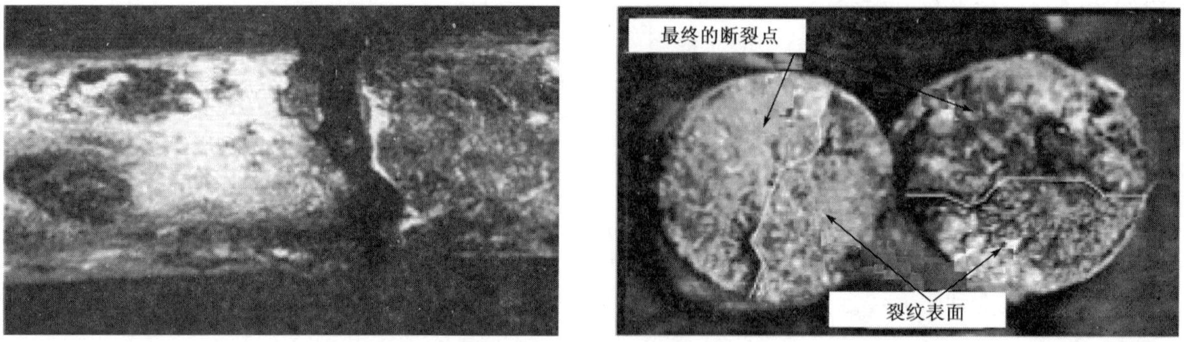

图 1.4.2.3　典型的钢丝断裂

1.4.2.4 光面钢丝

一些主缆是由没有镀锌的钢丝构成的，也叫做光面钢丝，因锈斑、凹痕和截面减小而损坏。无论缠丝钢丝是否镀锌，上述的开裂经常发生，威廉斯堡大桥（Williamsburg Bridge）上的主缆就发生过这样的情况。

虽然曾有过显示一根内部钢丝发现直角断裂的图片，这预示着很有可能发生过断裂，但是却很少有报道称发现内部钢丝已损坏，也没有明确的失效类型的报告。

1.4.2.5 锚碇的镀锌钢丝

锚碇钢丝失效机制与桥跨挤紧后的主缆钢丝明显不同，锚碇索股暴露在大量氧气中，钢丝出现均匀腐蚀和点蚀锈斑腐蚀，横截面大量减少，端部有一条长长的针状细孔。

曼哈顿大桥锚碇钢丝取样拉力试验表明，腐蚀减少的横截面钢丝的拉力强度与原始的钢丝拉力强度相比并没有发生改变；单根钢丝应力与剩下的面积成正比。然而这些数据都是有限的，我们只能假设所有的悬索桥钢丝都遵循这种模式。

1.5 调查技术

评估主缆损坏情况的基本方法是目视检查与提取主缆中典型的钢丝样品进行试验分析相结合。现在没有方法能够通过非破坏性（无损）或者远程连接技术来获取重要的主缆信息资料。声音监测能记录钢丝的异常情况，而且是非常有效的，但是不能够提供监测前和退化钢丝性能的数据资料。

1.5.1 无损检测技术

在没有调查人员去除盖板或改变主缆现状的条件下，无损检测技术(NDE)能够提供主缆内部状况相关信息。

1.5.1.1 诊断技术

当前的无损检测技术能够在直径达4in(0.101 6m)的索股中检查出破损。检测更大直径的索股在理论上是可行的，但还没有证实过其实际可行性。无损检测技术能判定钢丝截面的损失程度，但是不一定能确定裂纹，也不能够辨别腐蚀程度。

许多运用到桥梁主缆的无损检测技术都利用了电磁学的基本原理，例如：

(1)漏磁反应。

(2)磁致伸缩反应。

(3)涡流效应。

它们都需要繁琐的磁场和电场的电路。为了区分完好和破损索股，使用前需要标定，这样更适合评估吊索和主缆以外的索股。

1.5.1.2 监测技术

声音监测是一种用声音检测钢丝发生断裂的技术。加速度传感器安装在主缆外部，在预定的时间间隔或人工记录库存钢丝断丝以及断丝位置的准确数据，这对于评估主缆退化速率是非常有用的。但安装前就已经出现的断丝是监测不出来的。

声发射一般是指降解材料在微观层面发出声音的检测，但还没有在主缆检测中得到应用。

1.5.2 主缆强度分析

主缆强度的评估只是一种概率估算，因为不可能知道主缆中每根钢丝的性能。强度评估的模型依赖于内部检查和检查时取出的样品在试验室试验的数据。

如果在前期的检查中已经提取了足够的样品，那么就没有必要在每次检查时再从主缆中提取一套样品，见第2章。

第3、4、5章讲述了在主缆强度评估中采用的分析技术和模式。第6章则列举了各种等级检查书面报告所需的要求。

1.6 本章参考文献

[1] Mayraurl R, Camo S. Cracking and Fracture of Suspension Bridge Wire. ASCE Journal of Bridge Engineering, 2001, 6(6):645-650.

[2] Suzumura K, S. -1. Nakamura. Environmental Factors Affecting Corrosion of Galvanized Steel Wires (unpublished manuscript).

[3] Hopwood T, Havens J H. Corrosion of Cable Suspension Bridges. Kentucky Transportation Research Program, University of Kentucky Lexington, 1984.

2 检　　查

2.1 简　　介

悬索桥主缆评估需要大量关于主缆钢丝状态和强度的信息,检查的目的就是获取这些信息。随着时间的推移,在同一个桥梁结构进行几个不同等级的检查,但是只有内部检查为强度评估提供数据支持。

本节为进行全面的内部检查提供指导,对有关检查频率和位置选择提出具体建议,包括样本表格以及被检查主缆的照片和主缆缺陷的照片。

检查必须提前做好计划。准备好表格和雇佣承包商是准备工作的一部分,有时候,业主的员工也承担一些承包商的任务,例如,构造平台和解除缠丝以及重新缠包主缆。不管责任方是哪一方,都要做好准备,在条件需要时,拆除一条或多条吊索和一个或多个索夹。无论是哪一种情况,工作人员都应该对部分索夹的螺栓拉力进行检查。

将楔子敲入主缆中,分开钢丝进行目视检查,并且从内部“凹槽”中提取样本。测量钢丝回缩量是为了评估断丝恢复其作用力的性能。

锚碇内部的主缆和通过索鞍的主缆可视部分都必须检查。

注 2.1:在本指南开发完善期间,业主通过调查美国大桥获得的信息得出了一个结论,运营时间达 30 年的桥梁应该进行一次基准的检查。

2.2 检查间隔时间和位置

2.2.1 检查分级

推荐三个等级的检查:由维护人员对主缆外部进行周期性例行视察,两年一次的动手检查和更深入的内部检查。

注 2.2.1:在动手检查过程中,检查人员应该走完整条主缆。既然是动手检查,检查人员就必须尽可能靠近主缆并且接触主缆,听声音检查或者是用放大镜检查。

2.2.2 维护人员的检查

在常规的维护操作中,例如除冰,飞溅区残留物的冲洗、修补涂层,维护人员应该观察主缆外观的变化,这些变化可能反映了一些潜在问题,包括由事故造成的对涂装和缠丝的破坏,涂装系统的风化,缠丝严重氧化或腐蚀,松开的嵌缝以及棕色的锈渍等。建议由维护人员对主缆进行定期巡检。检查者应该使用望远镜从主缆下方开始检查,然后沿着主缆进行全长检查。

一年之中最好的巡检时间是冬末(三月或者四月),观察由飞溅区的冰冻或化冰盐造成的损坏;其次是夏末(九月或十月),观察酷热天气对涂层和嵌缝的影响。补充的巡检应该安排在大雪、冰冻、大雨或是风暴之后。在这些检查中,检查主缆底部是为了检查内部是否有水分,例如缠丝或者底端索夹凹槽泄水孔的滴水。通常,潮湿区域也应该注意观察。

观察到的异常情况应该记录下来,并且用彩色照片存档,注意标注检查的日期和位置。如果可能,检查之前发生风暴的日期也要标注，这些信息可能对确定深入检查的位置非常有用。

注 2.2.2：熟悉主缆的维护人员，可能比一名两年或是更长时间视察一次主缆的工程师或调查员更容易观察到一些不良状况的变化，现场观察有助于决定内部检查的位置。

巡回检查被归类为动手检查，因为需要进行主缆全长检查，但不能取代两年一次的检查。只有当问题需要提交报告时，才需要用到等级体系。强烈推荐建立一个统计汇总实际维护操作（受损部分维修，重新涂装等）和巡视检查的数据库。数据库应该包括：

(1)报告编号，固定的参考体系的一部分。

(2)检查或维护操作的日期。

(3)维护操作、损坏或修复的位置。

(4)维护操作、损坏或修复的描述（快速搜查数据库的数码和文字描述）。

(5)建议措施。

(6)措施执行报告的参考文献。

2.2.3　两年一次的检查

联邦监管两年一次的检查要求对非冗余构件动手检查。在这些检查过程中，应该报告和评估2.2.3.1、2.2.3.2 中罗列项目的情况。如果两年一次的检查表明可能存在内部腐蚀，并且在该特定的区域从未对主缆内部进行检查，那么需要在不久的将来对其进行检查。

注 2.2.3：两年一次的检查并不一定必须进行内部检查，因为每两年解开一次缠丝，该部位的主缆可能会受损。

2.2.3.1　悬跨的主缆

应该报告和评估的桥梁构件的情况如下：

(1)保护涂层或表面，检查干燥、剥落、开裂和涂层裂纹，被穿破或是撕裂的弹性隔离层[如果是局部，评为 3 级，如果长度超过 12in(0.304 8m)，评为 1 级]。

(2)索夹处的嵌缝，缺陷或裂缝。

(3)立柱和扶手绳，断丝、密封和腐蚀（如果出现断丝或松动，评为 3 级，如果立柱或扶手绳断裂，评为 1 级）。

(4)缠丝，异常现象检查包括：

①缠丝层张力不均衡，缠丝表面凹凸不平(4 级)。

②在索夹较低处聚束或在索夹上方分散(4 级)。

③缠丝间间隙，缠丝腐蚀或断裂（小缝隙评为 3 级，缠丝断裂评为 1 级）。

④表层隆起，表示交叉钢丝和凹陷区域(4 级)。

(5)索鞍或锚碇渗漏，缆套、波纹管或防水板损坏（如果存在能让水进入的裂纹，评为 1 级）。

(6)主缆或索夹的底部锈渍和滴水，表明内部腐蚀(1 级或者 2 级，建议内部检查)。

图 2.2.3.1-1 是检查表格的一个样本。图 2.2.3.1-2 和图 2.2.3.1-3 是用来报告发现情况的表格。图 2.2.3.1-2 统计汇总了评价系统中缠丝和索夹的各种形式的缺陷，图 2.2.3.1-3 是关于每个主缆节段或索夹的更详细的信息罗列。桥梁计划、桥塔评估、主缆评估也应该包括在检查报告中。

注 2.2.3.1：检查人员现场使用的表格以及汇总表，都应在指定桥梁检查之前准备好。

本指南文本和相应表格中用到的等级评定标准是针对美国纽约州的。从 1 级（完全退化，或者是失效状态）到 7 级（新状态，没有退化），除非缠丝或是其他构件全都是新的，否则一般最高评定等级为 5 级（轻微的退化，但是性能与原设计相同）。其他机构使用 1 ~ 9 级的等级，应该按比例调整等级。应用于涂层的等级评估标准通常由桥梁业主规定，如果没有这样的规定，则应该使用由桥梁所在州推荐的等级体系。

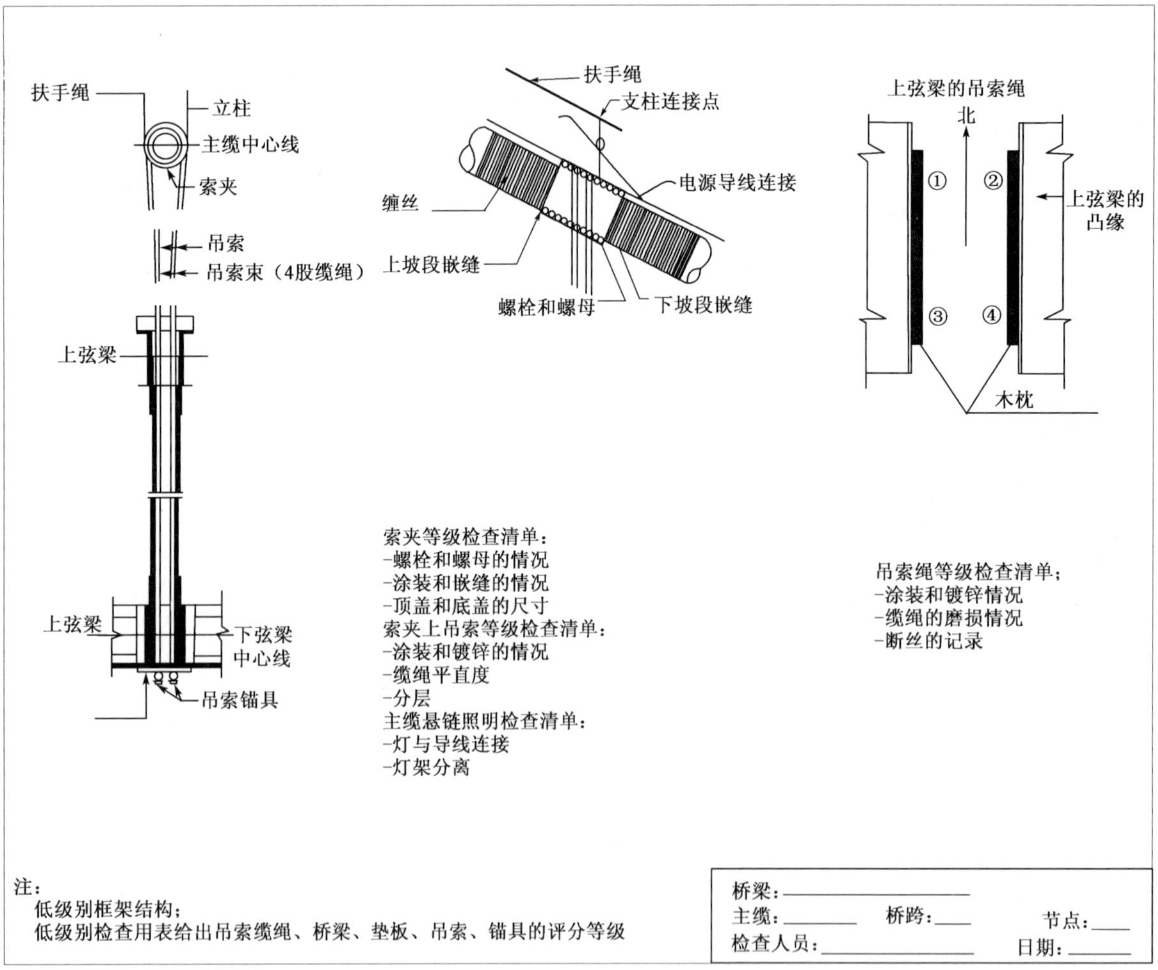

图 2.2.3.1-1　标准的两年一次的主缆检查用表

2.2.3.2　锚碇内的主缆

下列锚碇特征应该以国家规范为依据作报告及划分等级：

(1)锚碇内部的索股，腐蚀或者断丝，并且在索股靴处膨胀或凸起。

(2)锚碇围墙和顶盖，有水渗入的迹象。

(3)眼杆和索股钢丝，出现冷凝水现象。

(4)在眼杆和混凝土块之间的连接点，出现腐蚀迹象。

(5)眼杆和锚碇索股，涂层异常。

图 2.2.3.2 是标准的锚碇内部主缆两年一次检查用表。

注 2.2.3.2：对这些项目的评级应该遵循桥梁所在州指定的系统。

2.2.4　内部检查

在主缆整个使用寿命中，对某些节点进行内部检查是非常必要的。表 2.2.4 为内部检查的间隔时间，不考虑主缆的外部情况。检查内部钢丝需要拆除外部的保护系统，内部检查的细节详见 2.3 节。

根据业主和调查人员的判断，建议间隔时间可以根据以往桥梁内部检查的历史情况或遇到的特殊情况作出调整。例如，存在的不同金属（铜或青铜）与钢丝接触或非常靠近钢丝，车祸碰撞导致的局部恶化，或是在维护操作中出现钢丝过热现象。

BD188（1/96）

Bin

制表:____

组长：____________ 副组长：____________ 日期：____________

运行通道特征：____________

交叉通道特征：____________

注意：TP350-（28）主要构件：主缆一般注解。

结构状态等级标准的一般注解

主缆体系由从南至北标记为“A”、“B”、“C”、“D”的四条主缆。

每条主缆由9 472根平行镀锌钢丝组成，并主要由镀锌钢丝缠包。

只有级少数建筑附近或内部的主缆和鞍座附近的主缆是用合成像胶带缠包，主缆状况良好。

较少位置的缠丝出现失效情况，失效的缠丝中有断丝和间距的松散钢丝，还有些部位出现钢丝重叠现象。以下是缠丝情况检查记录：

等级	缺陷描述
1	整个节段的缠丝松动或者缺失
3	部分缠丝有松动钢丝或断丝
4	部分缠丝有重叠的钢丝
5	缠丝节段没有缺陷

在塔顶建筑附近缠丝出现凹陷，这种情况不影响缠丝保护主缆的性能，这种情况缠丝部位的等级属于上述同样的缺陷

索夹状态良好，没有松动的索夹螺栓或者出现索夹沿主缆下滑现象，几个索夹的嵌缝出现松动或者缺失。这种情况不影响主缆的等级，但是在这些状态下的多夹等级被降低了，索夹区域的等级标准如下：

等级	缺陷描述
1	所有的索夹螺栓出现松动或者索夹滑动
3	所有嵌缝缺失或多于20%的螺栓出现松动
4	多于25%的嵌缝缺失
5	索夹没有缺陷

主缆的结构等级不受索夹和缠丝缺陷的影响，因此，主缆为等级5。

在所有非冗余主缆上进行100%手动检查。

图2.2.3.1-2　两年一次检查等级评定系统的汇总表格

美国纽约州交通部门的桥梁检查报告

页码____ 关于____

组长:______________________ 副组长:____________________ 日期:__________

运行通道特征:____

交叉通道特征:____

涂装			图片编号	位置的桥跨	节点	构件	注解
新的	既有的	涂料					

图 2.2.3.1-3 标准的两年一次检查等级评定详细表格

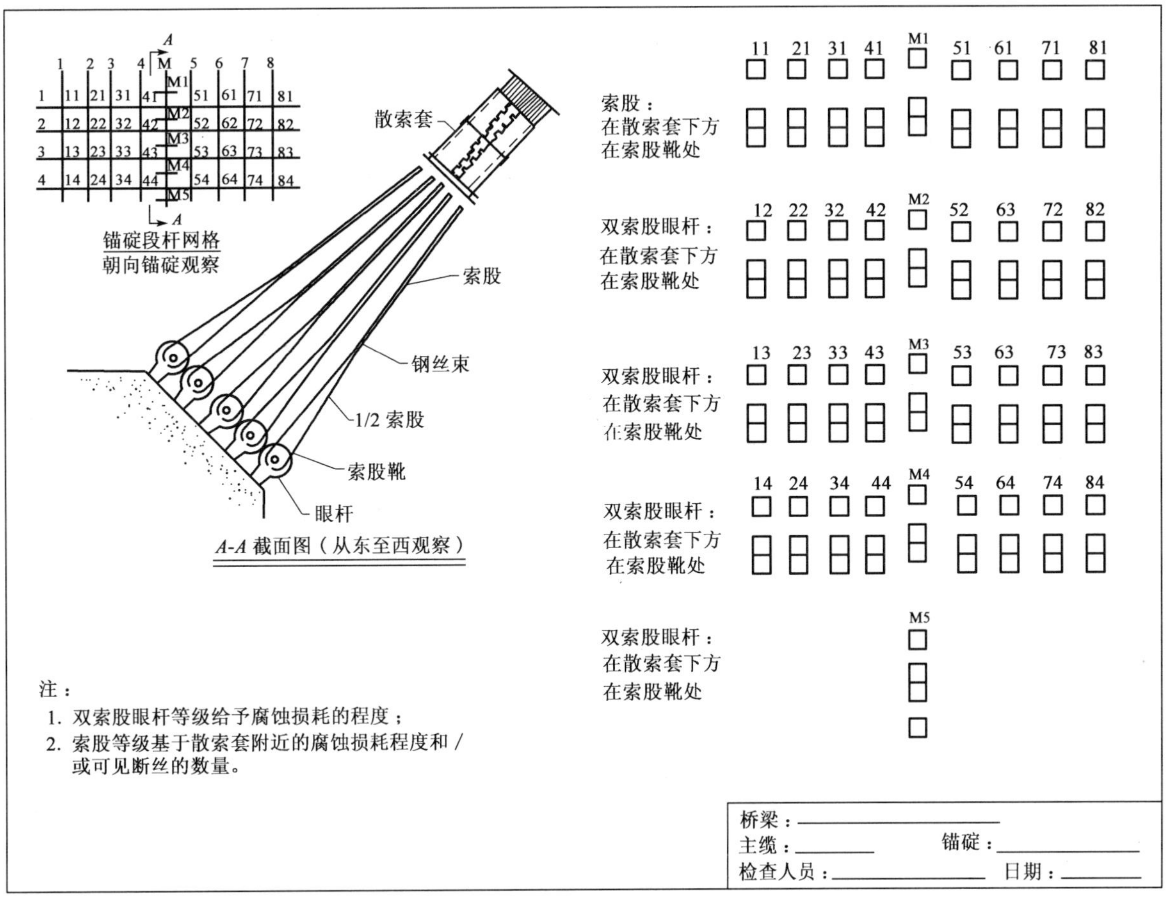

图 2.2.3.2 标准的锚碇内部主缆两年一次检查用表

内部检查的间隔时间　　表 2.2.4

检 查 编 号	在以往检查中发现的最严重的腐蚀等级*	在最后一次检查中桥梁的使用年限	间隔(年)
第一次			30
增加	1－(2)	任何年限	30
	2－(3)	40 年或以上	20
	2－(3)	30 年	10
	3－(4)	60 年或以上	20
	3－(4)	60 年以下	10
	4	任何年限	10
	断裂钢丝	任何年限	5

注＊每一个腐蚀等级都可能覆盖了下一个更高等级的25%的表层钢丝，等级见括号内数字。4 级可能包含 5 级表层裂纹的钢丝。

当主缆中超过 10% 的钢丝出现 4 级腐蚀情况时，检查间隔应该缩短到 5 年。

注 2.2.4：推荐的检查间隔时间反映了从 31 座不同使用年限的桥梁的检查情况中获得的数据。

许多大桥的主缆仅仅打开了一小段距离，信息是不精确的。另外，在检查主缆之前，很可能已达到了报告中的最高腐蚀等级。数据显示，从桥梁建成到主缆开始恶化大约有 10 年的宽限期。

根据退化速率的平均趋势，桥梁被分成两组。主缆退化缓慢的 11 座桥梁被指定为 A 组，其间隔时间从一个腐蚀等级到下一个腐蚀等级约为 20 年。归在 B 组的 20 座桥梁中，从一个腐蚀等级到另一腐蚀等级的时间则只需 10 年。

从一个等级到下一个等级的发展速度近似线性；随着腐蚀情况的恶化，会有些许增长(即从一个等级到下一个等级的间隔相对较短)。图 2.2.4 为最后一次检查中主缆状态与桥龄的图示。

推荐的检查时间间隔是以这些退化发展速度为依据，根据7座桥梁在其使用寿命达到40年之前，就出现了3级或者更严重的腐蚀情况，当桥梁使用年限达到了30年时，建议对其进行内部检查。第一次检查可以用于确定主缆究竟是处于快速退化还是缓慢退化。

一旦出现4级腐蚀，所有桥梁的检查间隔时间应该缩短到10年。当发现断裂的钢丝时，距离下次检查的间隔时间应该是5年。出现大比例的4级钢丝时，也应该在5年内进行另一次检查。

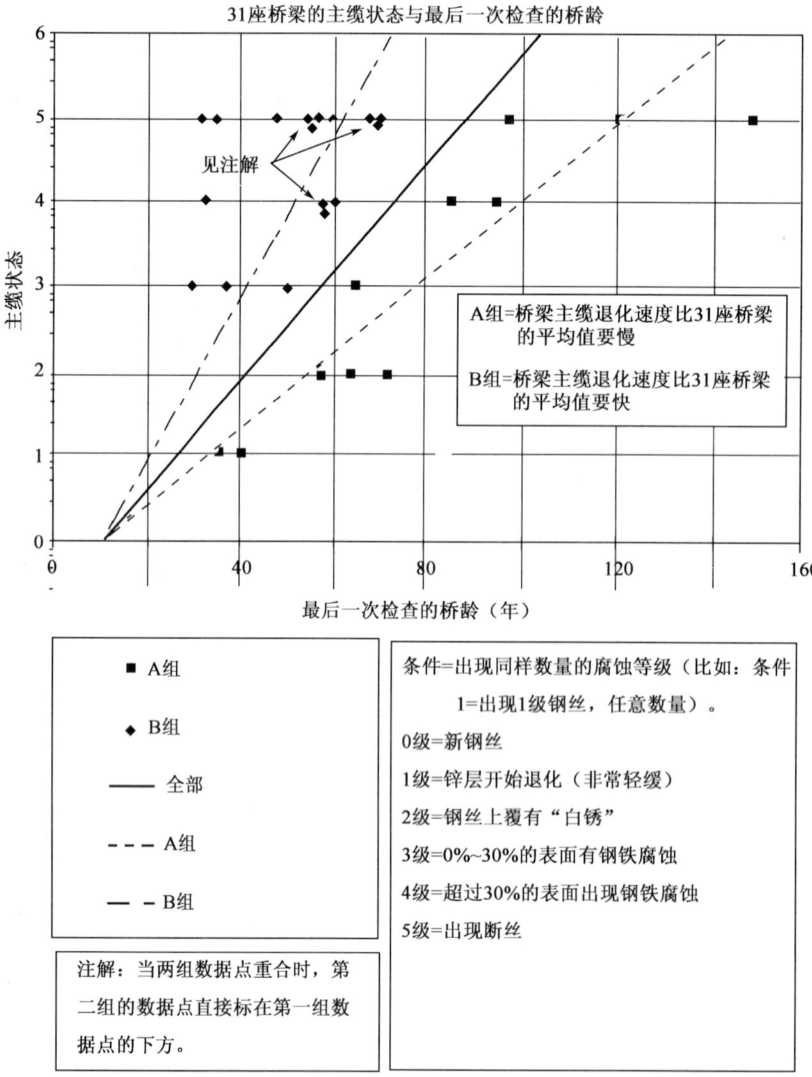

图2.2.4 最后一次检查中主缆状态与桥龄的图示

2.2.5 内部检查的位置

内部检查应该在外部出现内部退化迹象的地方进行。这些现象包括：

(1)缠丝松散。

(2)从主缆内部滴水。

(3)锈迹。

(4)索夹处嵌缝损坏。

(5)表明缠丝下方有交叉钢丝的表层隆起。

(6)敲击主缆表层时发出空洞的声音。

如果在外部没有发现退化迹象，那么检查的位置应该通过以下描述的方法来进行选择。

注 2.2.5：主缆中最可能出现情况且最严重的部位，没有确切的定义。5 座桥梁中只有 1 座桥的数据是能从主缆的至少 16 个部位获取的，强度损失最严重的情况发生在主缆的底端处。在其他 4 座桥中，最大强度的损耗发生在靠近主跨 1/4 点或是靠近边跨中心处。此外，在其中的 1 座桥梁上，在主缆最低点上方的最大强度损耗比最低点的要大 3.5 倍。

2.2.5.1 首次内部检查

第一次主缆内部检查至少应该在每条主缆的 3 个位置进行，选择如下：

(1) 每条主缆主跨低点。

(2) 每条主缆边跨低点或靠近低点处。

(3) 在第一根主缆主跨，低点的上方，距离为半主跨的 30% ~70%。

(4) 在另一根主缆边跨，低点的上方，距离为边跨的 30% ~70%。

在每一个选定的位置，主缆应该打开的长度至少是 16ft(约 4.88m)，并且在其周长四周的 4 个部位尽可能深地楔开。如果钢丝腐蚀超过 2 级，应该在主缆四周的 8 个部位楔开主缆，并且开口应该扩大为一个完整节段长度。这是为了使楔子能足够地深入到主缆内部，鉴定 3 级或是更严重的腐蚀情况，并且提取 16ft(约 4.88m)长的样本。

注 2.2.5.1：在检查过程中，当任意相对较高的位置出现严重强度损耗时，一个或多个低点处都会发现 3 级腐蚀现象。每一条主缆都有 4 个低点：分别是在主跨最低索夹相邻的两个节段中，以及在每个边跨的最低节段中，通常是锚碇或者散索鞍旁边桥跨的节段，即最小倾斜度的位置。在相同的中跨高程主缆有两个节段，有 5 个低点，其中，1 个是整个中心节段。建议在第一次检查中，检查每条主缆的两个最低点，另外两个(或 3 个)点放在第二次检查中，检查每条主缆低上方的一个位置，并且在第二次检查中检查两个以上这样的位置。

当桥梁主缆超过两条时，应将 2.2.5.1 中描述的相同的检查模式应用到每对主缆中。

尽管在外部钢丝可能会出现 3 级腐蚀的情况，但是在 1 座使用年限达 30 年的桥梁上的钢丝腐蚀等级一般不可能超过 2 级。因此，主缆打开的口子长度为从两层外部钢丝中截取 10ft(约 3.05m)长的试验样本。一旦发现更加严重的腐蚀情况，检查小组应该在主缆中打开更长的口子。

2.2.5.2 第二次内部检查

当第一次内部检查显示只为 1 级或 2 级的腐蚀情况时，第二次内部检查就应该遵照前面的选择方法，在每根主缆的至少 4 个部位进行。

在主跨上，低点应该是靠近前一次检查的低点处，但是在边跨上，应该是在前一次检查边跨低点的对面低点处。位于低点上方的主跨的一个点和边跨的一个点同样需要检查。16ft(约 4.88m)长的开口应该是满足要求的，但是如果发现存在 3 级和 4 级的腐蚀情况，开口和楔子的长度应该增加(按照 2.2.5.1 的要求)。

当第一次内部检查 3 级或 4 级腐蚀状况的深度达到 3 根钢丝时，应该在每根主缆的 6 个位置进行内部检查，包括出现 2 级或更严重腐蚀的 3 个已检查过的节段中的任何一个，以及首次检查推荐的其他 3 个位置。

当第一次检查中仅出现 1 级腐蚀时，这一次检查中就不需要再次打开了，但是应该在低点上方的其他位置中选择 6 个位置。所有这 6 个位置的检查是索夹间的整段长度，用楔子楔开主缆中心，并尽可能的深一点。当 4 级腐蚀状况状况的深度超过 1 根钢丝时，无缠丝的整个节段长度也无法到达主缆中心，应该从每条主缆拆除一个索夹来评估主缆中心的钢丝情况。

当第一次内部检查显示 4 级腐蚀深度在 3 根钢丝以上时，至少应该检查每条主缆的 16% 节段，最好是 20%。

应该检查 4 个低点和两个靠近桥塔的位置；在低点和桥塔之间随机均衡选择，每一次从连续的节段组中选取的数量应是大致相等的。索夹之间的节段需要进行全长检查，检查时，使用楔子楔开主缆中心，并尽可能地深入。至少应该拆除两个索夹，以便主缆中心或者索夹下方的检查。

注 2.2.5.2：如果在第一次检查时腐蚀没有超过 1 级，那么在进行第二次检查时，桥梁主缆使用年限可能是 60 年。检查小组需随时准备，如果发现任意 4 个建议检查的位置出现 4 级腐蚀情况，那么就要在同一时间打开主缆中其他相对较高的部位并进行检查。临近桥塔的部位只发现极少的退化现象，因此，当出现 4 级腐蚀情况时，建议只检查靠近桥塔的两个部位。

无论何时，只要靠近鞍座的主缆内部或者鞍室出现了退化的迹象，或者鞍罩或缆套出现渗水迹象，这些位置应该添加到建议工地检查的清单中。

国家公路合作研究项目计划 NCHRP10 - 57 的最终报告提出了一次检查结果中主缆最小强度的评估方法，这种方法以取样的精确度为基础。当检查主缆 16% 的节段时，最小强度的评估误差为 11%，当检查主缆 20% 的节段时，最小强度的评估误差是 8%。方法和评估误差都是以唯一能够提供足够数据量的桥梁检查结果为依据。

2.2.5.3 额外的内部检查

第二次检查后打开位置的数量取决于之前检查的情况，检查的位置选择应该遵从 2.2.5.2 的要求。

2.2.5.4 发现 4 级钢丝或断丝时的检查

当在任意一次检查中，发现主缆节段有多于 10% 的钢丝处于 4 级腐蚀情况时，应该安排一个完整的内部检查程序和补救措施，例如采用缓蚀剂。推荐安装声音监控系统来监听断丝和确定后续断丝的位置。

注 2.2.5.4：4 级腐蚀情况通常伴随着裂纹和断裂的钢丝。当在主缆节段中发现多于 10% 的钢丝出现这种情况时，要保证对主缆全长进行检查，拆除一些索夹并检查其下方的钢丝。

2.2.5.5 声学监控

在之前检查中发现处于 3 级腐蚀或是更严重的情况时，建议安装声音监控系统，并在下次内部检查之前监控 12 ~ 18 个月的周期，一旦出现异常情况，检查位置应该选择在钢丝断裂的地方。

根据业主和调查人员的决定，即使在之前的检测中只发现 1 级或 2 级腐蚀钢丝，也可以安装同样的系统。

注 2.2.5.5：主缆中的断丝是活性腐蚀的迹象，断裂的部位是将来检查的最佳位置。

2.3 内部检查

内部检查要有计划，同时也要求随着检查进程而做出相应的灵活变动，如果有必要，需要改变最初的计划。承包商协助检查必须加以管理，这样就不会危及辅助功能，即使原本没有指定的区域。

2.3.1 概况

复审图纸、技术规范和前一次检查的资料，可以为主缆调查计划提供背景资料，部分规定在执行过程中需要进行最低限度地改变。

2.3.2 检查计划

决定检查位置之前，调查人员应该实施本节描述的一系列措施。

2.3.2.1 审查现有文件

调查人员需要审查大桥设计报告，并熟悉索夹和索鞍的设计细节。如果可行，还需检查钢丝和眼杆材料的具体规格。虽然以往检查的记录是不全面的，但是可以揭示主缆以前损坏的原因和潜在损害的位置，这对主缆性能的最终评估起着非常重要的作用。

审查维护记录有助于确定以前出现嵌缝或者缠丝失效的区域，或者观察到主缆滴水、锚碇顶部渗水的区域。

解决以下问题有助于确定检查位置、试验室试验的要求和可靠性分析所需要的数据：

(1)是镀锌钢丝还是光面钢丝？如果是镀锌钢丝，应该检查锌层。

(2)钢丝是否涂过油脂或是加过油？如果是，钢丝可能退化较少，但是钢丝可能会出现小黑块腐蚀。

(3)规定的钢丝圈绕直径是多少？圈绕直径小，表明钢丝更容易断裂。

(4)原有的钢丝强度等力学性能可以从验收试验或者规范记录中获得吗？如果不能，2.4.3.5.1中推荐使用的腐蚀阶段1级和2级的全部钢丝样本应该在第一次检查中提取。当既有钢丝强度仍满足要求时，那么至少要在这些等级钢丝中抽取10个样本，每个样本进行3次拉伸试验。补偿的样本在第二次检查时提取。

(5)钢丝化学成分的结果是否可用？如果不可用，就应该做化学实验。

(6)主缆是空中纺线而成，还是工厂预制平行钢丝索股？后者因密实度较高而很少有交叉钢丝。

(7)缆套和鞍室的防水板是否渗水？桥面是否渗水？如果渗水，一定要仔细观察这些区域。

(8)什么是恒载应力？什么是设计活负载应力？准备最终报告需要这些应力值。如果这些数据不可用，大桥的这些参数是否已经改变，或交通负载或交通模式已经改变？这样主缆作用力就不得不重新计算。主缆高强度应力表明钢丝存在破裂的可能性。

(9)涂装记录上用的是哪种涂装系统？该信息可以更好地分析涂层性能。

注2.3.2.1：一根高强度应力的主缆(安全系数低于2.5)承受腐蚀钢丝强度损失的余量比低应力的主缆要小。活载与恒载的比例大于0.2可能表现出较大变形，尤其是加劲桁架或主梁都是细长结构时。这样的变形可能导致涂层破裂或缆套、嵌缝损坏，在检查中要特别注意这些细节。

2.3.2.2　初步实地考察和主缆检修道

在大桥的人行道或维修过道可以观察主缆的底端部位。为了能靠近观察主缆的外观，主缆检修道是必不可少的，见图2.3.2.2-1～图2.3.2.2-5。应该注意2.2.3.1中列出的项目以及下列事项：

(1)顺缠丝凹陷线的涂层裂纹。

(2)没有挤紧，主缆有明显的棱角。

(3)破损或撕裂的弹性膜或新的保护系统上破裂的树脂主缆外壳。

注2.3.2.2：这些观察作为一般背景资料可能有助于建立检查点。生锈的扶手手绳可能是一个安全隐患，应该在检查之前修复。

图2.3.2.2-1　索夹损坏的嵌缝和涂层

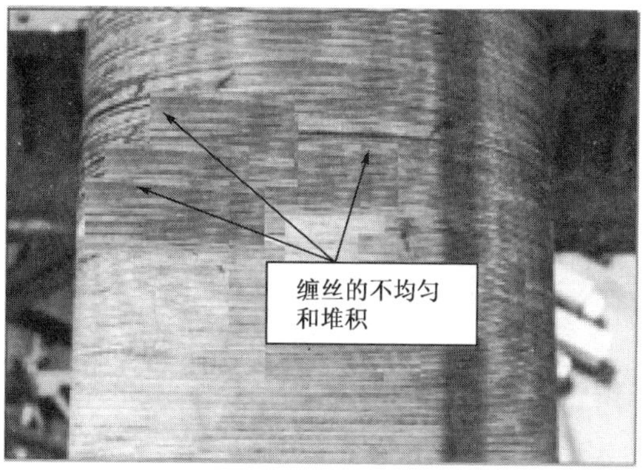

图2.3.2.2-2　不均匀缠丝

图 2.3.2.2-3　隆起表示有钢丝交叉

图 2.3.2.2-4　凹陷区域表示钢丝交叉

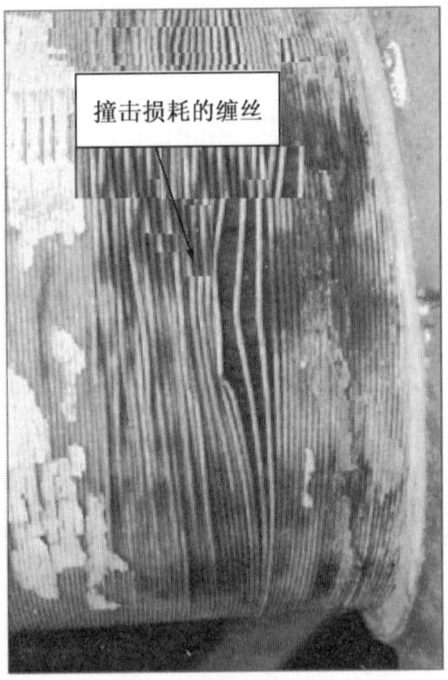

图 2.3.2.2-5　车辆撞击而受损的缠丝

2.3.2.3　走访维护人员

走访维护人员和现场工作人员是有必要的，特别是当他们执行完大桥清洗和涂装，除冰，冲洗飞溅区等维护任务之后。

维护人员所了解的信息可能不会正式记录在案，但对于鉴定主缆损坏的起源和及其开始损坏的时间是很有价值的。

2.3.2.4　检查用表

准备一个检查用表，便于记录现场数据。取样表格在图 2.3.2.4-1、图 2.3.2.4-2 和图 2.3.2.4-3 中给出。图 2.3.2.4-1 显示了对每根主缆的评估，并指示检查节段的位置。

图 2.3.2.4-2 为 9 990 根钢丝的主缆用的检查用表。需要为每个检查节段中的每条楔入线准备一份或多份复印表格。在楔开口处观察到的内部钢丝情况都要记录在这些表格中，标准的表格填写见附录 C。

图 2.3.2.4-3 显示了主缆的横截面，可用于记录主缆表层附近的断丝的位置，并且给出了在主缆内部观察到的状况。

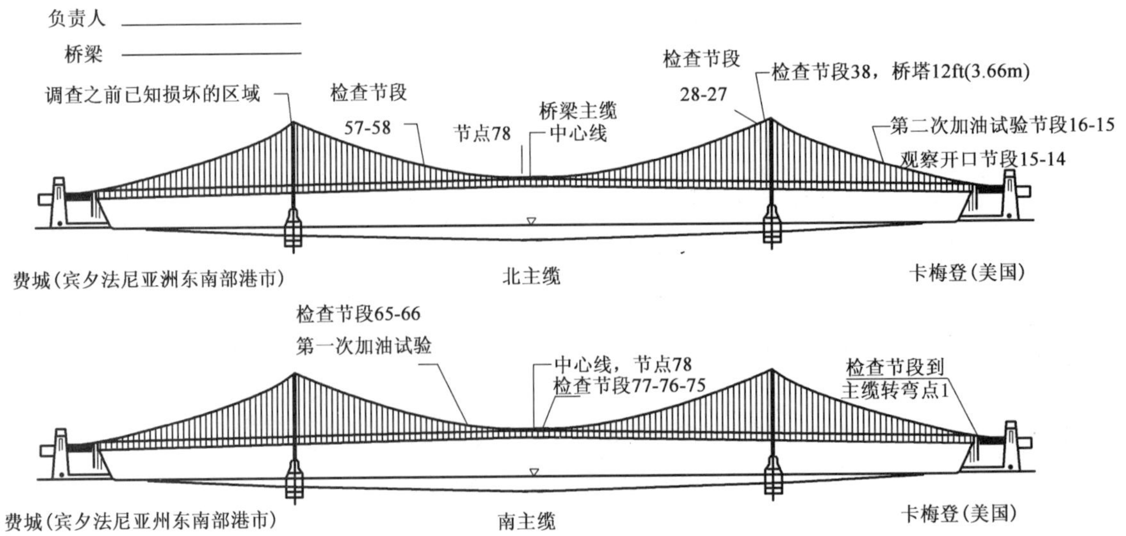

图 2.3.2.4-1　记录主缆内部检查位置示意图

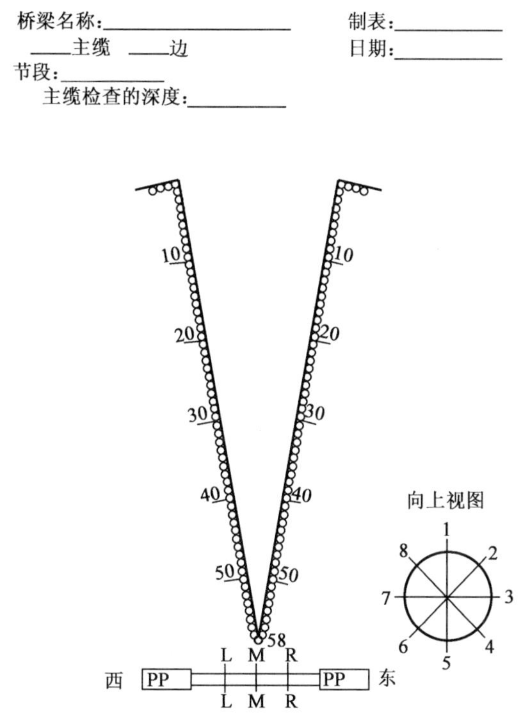

图 2.3.2.4-2 用于记录楔开口内部观察到的钢丝损耗的示意图

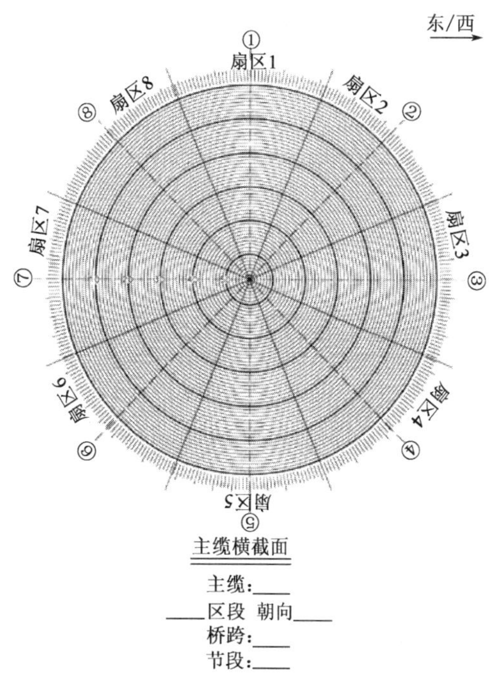

图 2.3.2.4-3 记录断丝位置和试验取样位置的示意图

注 2.3.2.4：检查用表必须是为主缆检查的细节量身定做的。在图 2.3.2.4-2 和图 2.3.2.4-3 中，主缆中环的数量是运用第 4 章式(4.2.1.1)来计算的。如果主缆内有多于或少于 9 990 根钢丝，那么该图所示的环的数量将相应地发生改变。

2.3.2.5 工具箱

调查或检查人员应当有一套简单但实用的工具，用来观察和记录所有的重要数据。至少，应该配备以下工具(其他由研究人员判断决定另行增加)：

(1)带钢笔和铅笔的写字夹板，可挂在脖子上或是肩膀上，或放在背包中，但是不要随意拿在手中。

(2)足够数量的空白表格。每节段 8 条楔开线的检查，每个节段至少需要准备 24 张表格。

(3)坚固的小刀，用于检查缠丝或是刮去缠丝和暴露的钢丝上的腐蚀产物。另外，还可用于帮助收集油脂样本。

(4)手电筒，适合放在背包里且非常有用的工具。观察钢丝(尤其是在主缆的下半部分)时非常必要，它也有助于在黑暗中帮助相机聚焦，然后用闪光灯曝光胶片。

(5)钢尺和胶带，有多种用途。

(6)钢卷尺，要有足够的硬度，可以达到主缆内部 18in(约 0.457m)处。鉴定钢丝需要从主缆表面计数或测量钢丝与表层的距离。

(7)选择钢丝时，使用带圆柱形把柄尖端圆角的螺丝刀，插入松散的钢丝并撬开表层恶化的钢丝来检查下层的钢丝。但是螺丝刀不能在 1 级和 2 级钢丝中使用，以避免损坏锌层。

(8)小尺子，拍照片时记录损坏的比例。

(9)柔软的卷尺，测量主缆直径以评估主缆的密实度。

(10)千分表卡尺，用来测量截面损失，尤其是在锚碇区。截面损失是渐进的，用千分尺就足够了。

(11)一部相机(传统的或数码相机)，用以记录楔开后呈现的状况。

(12)好的照明设备(定向闪光灯、环形闪光灯或外部定向照明灯),获取足够的摄影记录。传统的闪光灯能照亮楔开的外部区域,却不能照亮楔开口的凹处。

(13)用来识别钢丝样本的标签,通常是在马尼拉纸上用圆珠笔或某种记号笔做出不被油脂或水弄脏的永久性标记。标签最好使用钢丝或麻线,并开一个加固孔和样本钢丝绑在一起。

(14)最小量程以0.5pH为单位的pH试纸,判断主缆钢丝上液体的酸碱度。通常它们是卷在一个小线轴上,有一个校准图表,可从工业品供给站获得。一些无菌、可密封的样品瓶,一旦发现水或腐蚀物时可随时进行采样。

(15)带伸缩臂的工业镜,$8in^2$(约$645.16mm^2$)镜像,可观察检查人员走过的主缆的下方。

(16)直接拿在手上的附件,可以把所有工具(包括写字夹板、钢笔和铅笔)固定在扶手或平台上。

注2.3.2.5:主缆周边环境总是有微风或者是大风。需要把检查用表的两端都固定在一个写字夹板上(如果可以的话,在底部置一根橡皮筋),方便笔记并且防止表格失落。笔有可能丢失或者无法书写,检查者应该备有充足的钢笔和铅笔来确保检查的连续进行。

虽然钢笔更适合用于填写检查用表,但在潮湿的天气而无法使用时,HB黑铅笔可取而代之。

钢丝断裂的部位并不总是可见的。松散的钢丝表明附近出现断裂现象,使用一个刚性工具插入钢丝可获取信息。长一点的工具用来测试深处的钢丝,如果选取的钢丝较短,可以使用一根坚硬的木棍。

一个1/16in(约1.587mm)厚的铝片或是黄铜片,可以用来计量钢丝的深度。金属片应该向下插到中心位置,开孔的直径与钢丝直径一致,把钢丝分成两部分,孔的剩余部分形成凹槽。数字应刻在金属片靠近凹槽的一侧,以帮助计数。由于大部分钢丝的直径都非常接近5mm,可以使用米尺来鉴定钢丝到表层的深度。用测量的深度除以5,得出以钢丝直径为单位的主缆深度。

备用的识别标签,可以用一条布基胶带缠在钢丝上并且用记号笔标记。药房出售的用于取尿样的小密封塑料瓶也可以用来收集主缆中的水和腐蚀产物样本。推荐使用ASA400彩色胶卷,使用50mm或是28~80的变焦摄像头来记录近距离的物体,尤其是主缆深处,只能使用相机直接在楔形槽口的上方取像。推荐使用最小像素为3百万的数码相机来提供足够的分辨率。

2.3.2.6 检查质量保证计划

检查和取样必须采用可核查的方式。为了控制质量,多于一名检查人员观察时,应就腐蚀分级的识别和划分达成一致。检查人员应该由有经验的调查人员培训。

质量保证计划应明确主检查员及助理检查员,并说明他们将采取的步骤,以尽量减少收集数据的偏差。

注2.3.2.6:代表损坏钢丝的样本是非常关键的,钢丝性能就是样本试验数据的合理统计结果。

2.3.2.7 检查位置

检查的准备包括主缆节段的选择。随着检查的展开,调查人员可能会改变其计划,并且选择打开不同的节段。

2.3.3 施工计划

进入主缆的通路大多是由承包商或者维护人员提供的。在某种程度上,节段检查遵循预定的顺序。使用工程合同时,合同内容应具有足够的灵活性,可以提供事先未预计到的检查要求。

2.3.3.1 工作平台设计

工作平台设计要保证施工和检查人员的安全,并遏制有害物质。平台建设应该考虑工具和楔子的防护,防止其坠落到公路或者水面上。

注2.3.3.1:已有楔子从主缆弹出之后坠落到公路上。帐篷围住平台的篷盖可以消除这种潜在的危险。楔子也可以用绑带缠绕在主缆上,以保护在平台上面的工作人员。

2.3.3.2 施工设备

2.3.3.2.1 紧缆机

至关重要的是紧缆机要有足够的能力来压实紧缆，将解除缠丝的主缆压实到其原来的直径，可能同时需要三台或四台千斤顶，这取决于千斤顶或者主缆的尺寸。标准的紧缆机见图 2.3.3.2.1。

为了防止索夹滑动，紧缆机离索夹边缘的距离至少是主缆直径的 1.5 倍。

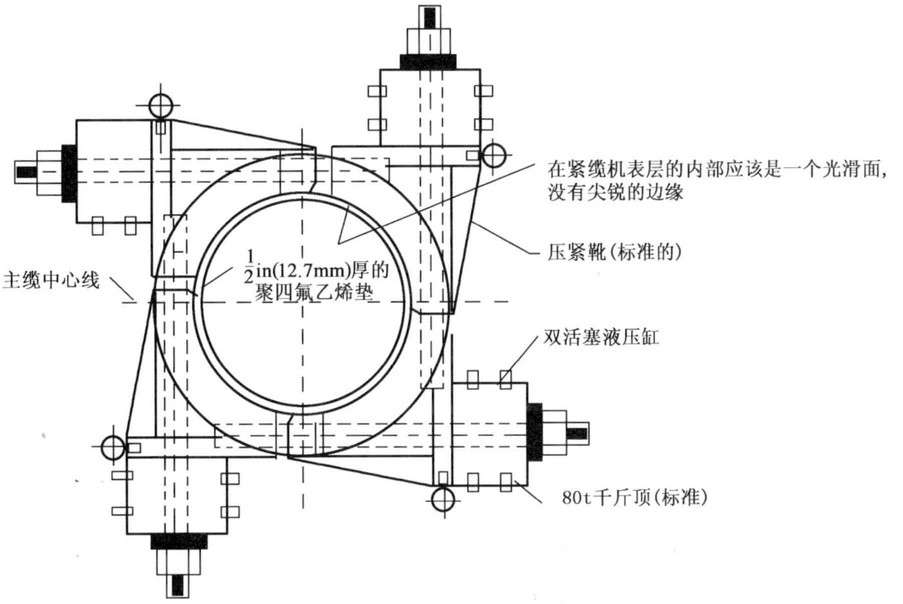

图 2.3.3.2.1 紧缆机

注 2.3.3.2.1：把紧缆机直接放在与主缆下坡一侧的索夹相邻位置处，可以减小索夹内部主缆的直径，但可能导致索夹滑动。

2.3.3.2.2 捆扎钢带

在紧缆的最后阶段，用钢带把主缆捆扎在一起保持不变形；当进行缠丝的时候，移除钢带，也可以用可重复使用的合成带。

2.3.3.2.3 缠丝机

缠丝机可以是手动的也可以是机动的。通过质量监管，手动设备可以提供与动力设备一样紧密的缠丝，但是建议只在较短的主缆区段上使用手动缠丝机。图 2.3.3.2.3-1 和图 2.3.3.2.3-2 分别为机动缠丝机和手动缠丝机。

图 2.3.3.2.3-1 机动缠丝机

图 2.3.3.2.3-2 手动缠丝机

通过打开手动缠丝的张紧爪,或者是机动缠丝的钢丝线轴摩擦力来控制缠绕钢丝张力。在缠丝操作过程中,张紧爪和轴线都需要进行调整和监控。

注 2.3.3.2.3:通常在小规模调查时,使用手动缠丝机效果更佳,因为机动缠丝机的成本相对较高,而且花费时间较长。

2.3.3.2.4 楔开主缆的工具

检查中要用到几种类型的楔入工具,包括无火花的青铜宽凿子、木质楔子、塑料楔子和液压楔子。凿子和楔子如图 2.3.3.2.4-1 所示。

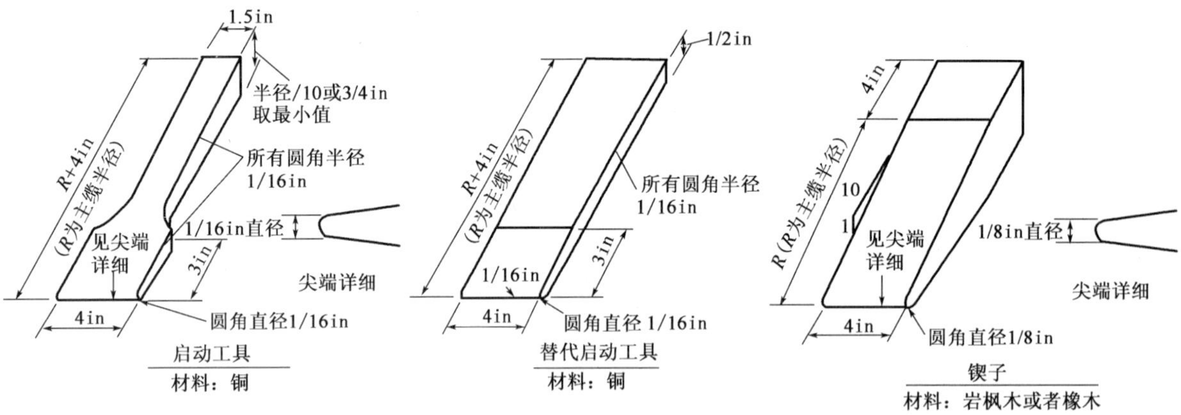

图 2.3.3.2.4-1 凿子和楔子

注:1. 1in = 0.025 4m。

2. 对于半径超过 12in(0.3m)的主缆,楔子能够有较小坡度,最大厚度约为 2.5in(0.06m)。

为防止钢丝损坏,在首次楔入时,应该使用 3 ~ 4in(76.20 ~ 101.60mm)宽扁平的无火花凿子,最好是青铜的,不推荐用长扁方柄的螺丝刀。

楔开主缆最好的楔子是由橡木、岩枫木或高分子聚乙烯制成的,楔子锥度应该为 1:5。为了尽量减少楔子损坏,楔子尖端应该有直径约 1/8in(约 3.17mm)的圆角。

液压楔子能够轻易就打开一个大开口,液压楔装置如图 2.3.3.2.4-2 所示。

图 2.3.3.2.4-2 液压楔

注 2.3.3.2.4:一个适用的铜凿子可由一个 3/8in × 4in(约 9.52mm × 101.60mm)的扁平铜棒加工而成。尖端应该与图 2.3.3.2.4-1 中所示尖端详细相符。楔子尖端在楔开过程中会有磨损或出现弯曲变形,因此需要不断对其进行修复。

2.3.3.3 拆除吊索的准备

拆除吊索需要进行受力分析,分析吊索从锚固位置脱开需要的力和转移到相邻吊索的力。剩余吊索附近的锚固支架和加劲梁以及吊索的受力检查是强制性的,以确保其安全。拆除短吊索所需的设备,包括框架、千斤顶、拉近桁架和主缆的拉杆。对于长吊索,特殊的设备必须被设计成相对桁架张拉吊索,以断开两者的连接。需要用临时吊索来承担拆除吊索的受力,防止相邻吊索和加劲桁梁超应力。

注 2.3.3.3:调查人员和承包商经常合作设计设备,工程师负责性能检测。加劲梁上的吊索托架是专门设计用于更换吊索的,性能检测在多数情况下是一种必要的程序。然而,最初设计者没有预见恒载的增加,这就需要此类检查并更改设计。

2.3.3.4 更换缠丝

缠绕钢丝的张力应该足够高,才能保持在所有可能的温度与活载的条件下与主缆紧密接触。

由于锌涂层的蠕变会导致缠丝损耗多达2/3的张力。下式是在重新缠丝时钢丝的张力:

$$P = \frac{3(\nu\sigma_{LL} + \alpha E\Delta T)\pi d_w^2}{4}$$

式中:ν——泊松比;

σ_{LL}——主缆的活载应力;

α——热膨胀系数;

ΔT——缠绕钢丝和主缆平均温度之间的最大估算差值;

E——缠绕钢丝的弹性模量;

d_w——钢丝的直径。

粗主缆的 ΔT 比细主缆的 ΔT 要大。

2.3.4 无损检测(NDE)技术

许多私营公司和机构都销售无损检测设备。调查人员在计划进行调查的时候,应该知道什么是可用的,什么无损检测设备是他们期待的。科技发展迅速,通常,尝试一项新技术的愿望,将会促使该技术的改进,使之更适合应用在桥梁主缆上。

政府机构和研究人员必须通过试验评价任何提议或潜在的技术,并与从桥梁主缆的具体特征和强度评估所需息中获取的客观标准进行对比。

注2.3.4:尽管无损检测诊断评估有较大需求,但现有设备价值有限。需要开发新技术和改进技术来鉴定主缆损坏最严重的区域,但是动手目视检查在可预见的未来仍然是必需的。

声学监控是现有技术的一个很好的例子,在主缆工程中的应用非常成功。

监控设备。声学监控设备应该安装在出现许多4级腐蚀钢丝或断裂钢丝的主缆上,以判断是否仍在继续恶化和恶化的速率。如果钢丝继续断裂,或者断裂速率加快,就应该修订检查计划。如果在检查后主缆节段增加了0.5%的钢丝断裂,建议立即重新检查和评估该节段。

注监控设备:有些设备可以检测到主缆变化的特征或是钢丝失效的现象。既然已知基准特征和损坏信息,那么随着时间的推移,可以构建一个持续记录。声音传输技术用于探测较粗主缆的钢丝损坏,因为声波穿越钢材的突变,可以被安装在主缆表面的感应器检测到。钢丝损坏有独特的声音信号,容易与正常的桥梁噪声区分开来。比较几个不同感应器的声音到达时间,可以准确查找出钢丝断裂的位置。

一些美国桥梁已经沿着两条主缆安装了声音传输设备,或沿着部分主缆安装这种设备。提供这项服务的通用名称为"声学监测技术"。

监控设备不能直接确定损坏存在的状况,也不是诊断结论。然而这项技术可以用来判断哪个节段有钢丝断裂,以及今后哪个节段最有可能会损坏。这可以消除许多目前与选择要打开节段有关的猜测 。

2.4 检查和取样

2.4.1 解除主缆缠丝

在解除主缆缠丝之前,调查人员应该记录各种明显的表面缺陷,例如缠丝之间的缝隙、损坏的涂层和主缆产生的白色或棕色锈迹等。

在解除主缆缠丝之前,先要测量主缆周长。如果钢尺对温度变化敏感,还应该同时记录测量温度。用于记录这些测量数据的表格如图2.4.1所示。

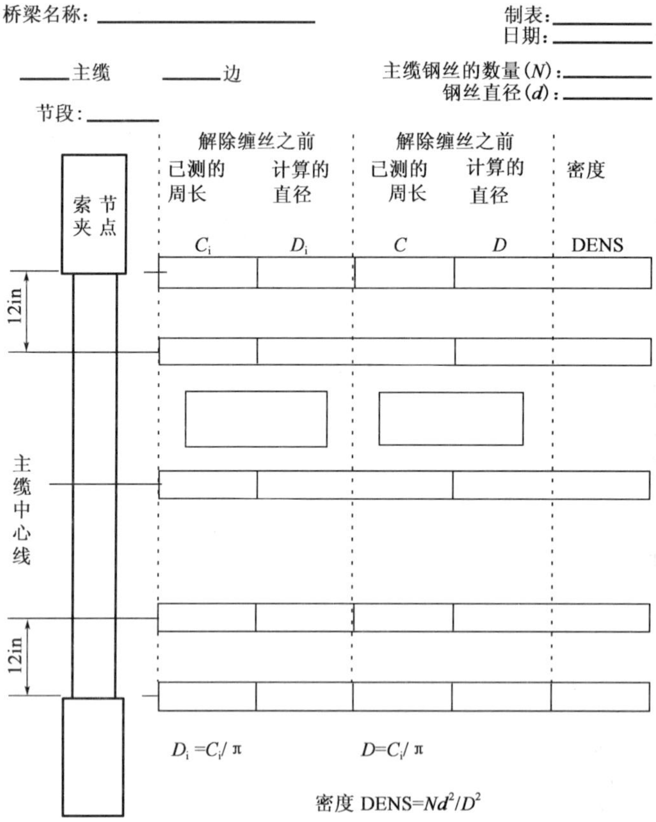

图 2.4.1　记录主缆周长的表格

注：1in = 0.025 4m。

注 2.4.1：列出的状况适用于缠绕钢丝的主缆，需要注意其他保护系统可能会出现不同的缺陷，例如，聚合覆盖层的破裂或是氯丁橡胶缠带的撕裂等。

2.4.1.1　缠丝张力测试

如果现有的缠绕钢丝存在张力，那么在剪切钢丝之前需要检测钢丝应变。钢丝剪断后张力会损失，钢丝紧密缠绕主缆时保持了钢丝的张力。同样的程序用于单缠丝层或者多层缠丝的每一层。

注 2.4.1.1：如果已知原始缠丝张力，那么通过对比解除缠丝时的张力，可以得出缠丝张力损耗，以及目前的张力是否适用。

因为缠丝层摩擦力的缘故，测量缠绕钢丝持续绕过几圈之后产生的缩短量，是难以实现和说清楚的。因此，建议测量应变而不是测量钢丝剪切后的缩短量。

图 2.4.1.2　解除缠丝

2.4.1.2　解除缠丝

解除缠丝对健康和环境都有危害。工人应该戴口罩处理包含铅废物的钢丝，还需要注意不要形成空气粉尘，除非整个节段被覆盖住并且是完全封闭的，然后再使用一个空气过滤系统来保护工人免受内部累积灰尘的侵害。

为了避免铅和铅涂层的扩散，运往临时储存位置时，缠丝须经过仔细处理。解除缠丝的示意图如图 2.4.1.2 所示。

注 2.4.1.2：所有进行主缆解除缠丝、检查和重新缠丝的人员都要强制性进行铅毒血液检查。

2.4.1.3 去除红丹腻子

缠丝下面的红丹腻子通常是干燥和易碎的。其中,一些会在解除缠丝时掉在工作平台地板上,一些脆裂的铅腻子会黏在主缆钢丝上,并且可能被微风吹散。应该使用木质工具将其清除并用柔软的钢丝刷除残余部分。

在楔开主缆之前,解除缠丝的表面应该是封闭的。楔开主缆会导致额外的铅尘和废物从主缆脱落。喷涂和刷涂薄薄的油层会最大限度地减少额外的灰尘产生。

注 2.4.1.3:监控空气中的粉尘必须遵从环境保护指南。

2.4.1.4 主缆直径

应该在解除缠丝后再一次测量主缆的周长,测量应该在索夹附近[距离索夹端部 12in(0.30m)的地方]或者是节段的中心进行。需要计算没有缠丝的主缆直径和主缆钢丝实体比率,主缆钢丝实体比率是没有缠丝的主缆钢丝总金属面积和主缆圆周面积的比值。

注 2.4.1.4:要求从周长的测量值计算出主缆直径,以便主缆可以重新缠到其原来的紧密程度或更紧。紧密程度较好的主缆钢丝实体比率经常在 0.80 ~ 0.82 之间。如果这个值明显变小,可能表明主缆钢丝的报告数量有误。假若如此,主缆钢丝的数量必须通过数锚碇内钢丝数量来核实。

2.4.2 楔开主缆

主缆在检查节段部位径向楔开,见 2.4.2.1。通常在疑似有损坏的位置进行楔开操作。

2.4.2.1 呈径向放射状的楔开位置

当要求 8 条楔开线时,它们应该位于圆周的每一个 45°的位置。当要求少于 8 条楔开线时,相应调整空间。楔形线通常是给定的时钟指示,从主缆顶部开始来描述它们的位置:

12:00 在主缆的顶端;

1:30 在从主缆顶端顺时针方向的 45°;

3:00 在从主缆顶端顺时针方向的 90°;

4:30 在从主缆顶端顺时针方向的 135°;

6:00 在从主缆顶端顺时针方向的 180°;

7:30 在从主缆顶端顺时针方向的 225°;

9:00 在从主缆顶端顺时针方向的 270°;

10:30 在从主缆顶端顺时针方向的 315°。

并非所有的主缆都要求楔开 8 条线,另外,一些主缆可能需要增加额外的楔开线来改善统计数据,特别是在损坏很严重的情况下。建议采用下面的规则来确定楔开线的数量和位置:

(1)通常从底线(4:30、6:00 或 7:30)开始楔入,尤其是在对主缆状况一无所知时,除非有计划,否则至少打开 8 条楔开线。

(2)当在所有的 3 条最低楔开线中只存在 1 级腐蚀时,在飞溅区干湿交替段选择 1 条或多条楔开线,如果只有 1 条楔开线,则在 1:30、3:00、9:00 或是 10:30 的任意一个位置。

(3)当存在腐蚀情况没有超过 2 级腐蚀时,建议至少使用 6 条楔开线,包括底部的 3 条,加上 9:00 和 3:00,及 1:30 或 10:30 中的 1 条,最好是在飞溅区。

(4)当存在 3 级腐蚀或更严重的腐蚀情况时,打开所有 8 条楔开线。

(5)当发现一定数量断丝时,要在出现 4 级腐蚀钢丝的区域打开增加的楔开线。图 2.4.2.1 为楔开主缆并对其进行检查的示意图。

(6)对于一条直径大于 24in(0.609 6mm)的主缆,要在建议的 8 条楔开线之间增加 8 条楔开线。这些楔开线应该延伸到足够的深度以允许检查主缆,至少要延伸至距离主缆中心一半的位置。

注 2.4.2.1：因为指南针在封闭空间有时不容易确定方向，可以用上下确定方位，用角度或其他方式取代时钟表示。

主缆底部通常比顶部或侧面恶化更严重。从底部开始，容易遇到最严重的情况。

当主缆外部表面为 1 级腐蚀时，其余的横截面楔入可以最小，因为通常表面的情况比中心的情况严重。靠近主缆最低点，正对公路的主缆一侧会受到车辆驶过路面时的飞溅，通常是比没有面向公路的一侧的恶化现象更严重。

当发现很多断丝时，预计 4 级腐蚀情况会延伸到主缆内部，通过增加楔开线来确定其程度是合理的。

在更粗的主缆上，建议在主缆半径一半的外部增加额外的楔开线，这里楔开线空间最大，避免减少观察钢丝的比例，有助于使计算中的误差范围达到最小值。

图 2.4.2.1　楔开主缆检查

2.4.2.2　初始楔入和扩展

初始楔入应用 2.3.3.2.4 推荐的无火花工具。然后用大锤将楔子敲入主缆中。

从节段中部开始楔入（或主缆开放处，如果小于一个节段）并且每隔 4ft（约 1.22m）插入另外一个楔子，朝索夹方向进行操作。使所有的楔子达到一个约 3in（76.20mm）的相同深度，然后每次依次将它们推进 3in（约 76.20mm），直至到达主缆中心或推荐的深度。为了推进楔子必须认识和克服以下困难：

（1）当楔子沿钢丝的一侧敲入时，对侧就可能是相邻楔子楔入的位置，会出现缝隙交叉（即钢丝穿过楔形开口）的现象。这种情况要及时观察到，因为会阻碍楔入操作，并且可能损坏钢丝。楔子应该被拔出，并且重新定位在前一楔子楔入钢丝的同一侧。

（2）当位于楔子钝边通路中间的钢丝不能被楔子挤开时会发生排斥效应。工人的经验是松开楔子，使楔子恢复到一个比锤子敲打之前还要靠外的位置。钢丝会把楔子往回推，为了防止损坏钢丝，必须停止楔入，并且把钢丝推到与用无火花凿子楔开的钢丝同一边。

（3）出现断丝时，会发生散乱现象。楔子通常带着断丝最靠近断端部位插入主缆里层，导致断丝与几条完整的钢丝交叉，并且经常看不见断丝的尾端。这种情况并非总能避免，但是能够降到最低程度。从节段中心开始，使所有楔子楔入较浅，并且是一致的深度。识别断丝后，首先在远离断丝尾端处推进楔子，最后在尾端处推进楔子，在靠近断裂处，用额外的楔子固定钢丝。

（4）在断丝散乱的地方，钢丝在楔开位置向内转，检查完之后，用钩子把钢丝钩回到原来的位置。如果失败，会导致主缆内部形成空隙并且钢丝交叉，引起附加的损坏。

（5）在主缆抵御楔子的穿入时，楔子尖端会弯曲。楔子尖端会选择最简单的路径，不一定是径向的。楔子前端 3in（约 76.20mm）有时会弯曲到无法进行楔入操作的状态，即使是当楔子只进入主缆的一小段距离。可以通过拔出楔子，在用无火花工具打开的径向开口的位置插入楔子，然后再径向地楔入来解决这个问题。

注 2.4.2.2：使用润滑剂或是亚麻籽油有助于楔入操作，如果有防护涂层的话，调查人员应该确认使用的润滑剂是可以兼容阻蚀的涂料。

2.4.3 钢丝的检查和取样

检查的目的是为了鉴定主缆钢丝的腐蚀状况,通过找出主缆横截面的腐蚀界限,根据定义的等级,来定量确定腐蚀状况。钢丝取样试验决定各种等级钢丝的物理性能,满足评估主缆性能的需要。在一个节段的一个主缆横截面的样本检查实例见附录C。

2.4.3.1 观察记录腐蚀等级

检查人员应该在楔开口的两个暴露面识别钢丝腐蚀等级。通过目视操作判断等级,见图1.4.2.2。沿着一个检查节段的长度,至少记录3个区段的钢丝状况,每个区段约6ft(约1.83m)长。在每段先指定一根可观察到的最高等级的钢丝,然后再认定打开长度内其他钢丝的腐蚀等级,通过比较记录每段钢丝的等级。附录C中显示标准的数据记录的表格。

注2.4.3.1:一个腐蚀等级可能只覆盖了一小段钢丝,有时会小于1ft(约0.3m)。特别是出现黑色或灰色锌层损耗圈的钢丝,当出现这种情况时,应该分开计数。试验室试验用于确定这些钢丝所属的腐蚀等级。2.4.5中的主缆性能分析只用到钢丝的最高腐蚀等级,根据检查之后表格中的数据来确定。保持这些记录的目的是能够编制主缆腐蚀等级的横截面示意图,如附录C所示,这是一个显示钢丝受损程度的可视工具。指示图应该代表节段内主缆区段的最坏情况。

2.4.3.2 断丝

在主缆外层发现的断丝应该标志在图2.3.2.4-3所示的主缆横截面上。应该同时标记断丝到主缆的径向位置和深度。还应该标注能看见断丝的最大主缆深度。在超过主缆表层几层的楔开口内部观察到的断丝数量和位置需要标注在图2.3.2.4-2所示的相应处置上。

注2.4.3.2:通常能够在主缆最外层的下部钢丝中检查到断丝。如果相邻的几根钢丝都断裂,那么可能需要继续向下检查4层钢丝。只有在楔开口内部才能看到在主缆较深处断裂的钢丝。

2.4.3.2.1　楔开间距

楔子之间的间隔应该约为4ft(约为1.22m),可以观察楔入腔内钢丝的情况。记录钢丝状况后,移除楔子,此时的间隔就是8ft(约为2.44m)。如果出现松散的钢丝,它们往往会在楔形开口位置突出或戳出。

调查人员应该试验确定最适合探测松散钢丝的楔子间距。拔出中间楔子有助于观察主缆深处的松散钢丝,否则,比较靠近表层的松散钢丝会因隐藏在更深处的钢丝里面而难以观察到。

注2.4.3.2.1:当楔子间距为4ft(约1.22m)时,看不出松散的钢丝。戳动钢丝也没有表示出任何钢丝松散的迹象,因为钢丝被楔子固定紧了。经验表明,自由盘绕半径为4~6ft(1.2192~1.8288m)的松散钢丝在6ft(1.8288m)的最小楔子间距中会比较容易发现。

2.4.3.2.2　钢丝追溯

钢丝根据它们与主缆表面的距离来区分。很多时候在检查的节段内,同一根钢丝与表层的距离不同,这是因为平行度不佳或是在楔开过程中形成的表面唇边。当出现几根邻近的松散钢丝时,为了避免重复计算,必须将松动的钢丝戳到一边并观察它们在其他部分的纵向移动。应该追溯辨别出所有松散钢丝的端头。

2.4.3.2.3　失效的钢丝端

钢丝断裂时,形成两个钢丝端,一端对应一边的断裂口。在计算断丝时,每一根钢丝的两端都应该计算在内。避免相同钢丝的端部被鉴定为属于两根不同钢丝而重复计算。当只有一端可见时,可通过探测找出在楔开口表层下方附近的松散钢丝的末端。

注2.4.3.2.3:并非所有断丝的末端都可看得见。钢丝常常在索夹附近或里面断裂,这些位置无法楔开。几项检查结果显示,在给定的主缆长度的索夹下面和附近的断丝数量与索夹拆除前检查节段的可视区间,断丝的数量大

致相等，然而，并非每座桥梁的情况都是这样，当发现大量断丝时，需要移拆除一个或多个索夹并进一步调查。在记录的过程中，必须计算所有松散钢丝和所有失效钢丝端，并且排除所有已经计算过的松散钢丝端。

2.4.3.2.4　样本大小

有时，断裂或松散的钢丝可从楔开外露的表层下方突出，这样使样本大小的评估复杂化，并且可能导致评估主缆断丝出现较大的误差。为了最大限度减小这种误差，调查员应统计楔表面下方以及楔表面的断丝端头和松散钢丝，并且分别做好记录。

注 2.4.3.2.4：有一个实例，楔开表层下方的断丝端近似等同于楔表层的断丝端。由于断丝数量大，松散钢丝的来源不能被准确追溯。为了计算断丝，观察样本的大小应取楔开腔暴露表层钢丝的 1.5 倍，假设条件是只有表面松散的钢丝可见。

2.4.3.2.5　其他形式的腐蚀

检查者应该查找和记录所有其他值得注意类型的腐蚀，记录在报告腐蚀等级的同一张表格上。值得注意的腐蚀包括：

(1)斑蚀。

(2)一般的腐蚀，引起钢丝直径减小(报告直径)。

(3)缝隙腐蚀，侵蚀和腐蚀产物主要是沿着相邻钢丝的接触表面。

当普遍出现这些情况时(即在楔开口中观察到不止 1 ~ 2 根钢丝)，应该截取额外的试验样本，来断定是否需要为强度评估创建其他腐蚀等级。当这些情况不普遍时，每个腐蚀等级推荐使用的样本数量应该包含这种情况的钢丝，比例与其发生率相对应。

2.4.3.3　照相记录

典型的以及奇异或非典型的情况都应该拍摄成彩色照片。每次拍照时，胶卷要编号，每张胶片都编号记录在检查用表中。观察位置、针对的钢丝目标和区域都应该做记录。

注 2.4.3.3：用照片描述钢丝的情况比文字效果更佳。通常，先给一个与钢丝检查没有关联的物体拍照(比如，相邻的主缆、桥塔或者高速路)，然后记录在表格中，帮助确定照相记录的日期和大致部位。

2.4.3.4　测量断丝间隙

尽可能多地使断丝两端对准，测量断丝端与端之间的间隙。记录的信息应该包括测量距离的主缆深度和断丝发生的节段。还应该记录该测量是否在拆除索夹以及解除相邻节段缠丝的情况下进行的。每当从主缆中截取试验样本钢丝时，都要测量第一次剪切后形成的缺口。在剪切之前，在切断口两边要做刻痕标记。在剪切钢丝前后，需要测量两个刻痕标志的距离。

注 2.4.3.4：断丝时，钢丝(特别是在索夹里面的钢丝)间的摩擦，能够恢复断丝的应力。通过测量断丝的间隙，在已知恒载和测量时假定的活负载的基础上，可以通过统计基本规律确定主缆索夹扩展钢丝应力的能力。在钢丝应力评估时，活负载误差不会使钢丝拉力评估出现大误差，因为活载通常占总荷载的比率很小。

2.4.3.5　钢丝取样

样本位置需记录在图 2.3.2.4-3 显示的主缆横截面检查用表中。

断丝取得的样本不应该用于强度试验或确定断丝的程度。应该把一根新的钢丝拼接到样本钢丝的切口端，使之恢复连续性。需要收紧钢丝，使其达到与主缆的其他钢丝具有同等的应力。附录 D 中列出了如何更换剪切钢丝的完整程序。鉴于取样需要从主缆截取钢丝，那么需要在最小范围内进行取样，因为更换的钢丝和既有钢丝末端拼接之后不可能达到原来的钢丝的性能。

注 2.4.3.5：取样的目的是为了通过试验室试验描述各种腐蚀等级的钢丝的物理性能。调查人员感兴趣的性能如下：

锌的氧化作用程度和变化，用于评估剩余的有效保护层，以及在锌钝化时的钢丝对应力腐蚀的敏感性。

腐蚀钢丝的强度。钢丝因为退化可能变脆或者表面腐蚀,出现腐蚀缺陷或者是裂纹扩展。所有这些情况都预示强度损耗,从腐蚀等级3开始就出现脆化现象。3级钢丝会包含了凹痕和少量裂纹;4级钢丝通常会出现许多裂纹。

随着检查的持续展开,调查人员必须密切关注所有可能减弱钢丝强度的异常现象,因此这些钢丝需要进行试验。

断丝取样强度试验可能会造成对钢丝继续破断的性能评价过高,因为每当主缆出现断丝,钢丝中的作用力都会下降为零,会停止剩余钢丝段裂纹扩展。而且,众所周知,断丝中有裂缝,因此从这些钢丝中截取的样本不能用来确定有裂纹的4级钢丝的数量。所以,只有没有断裂的钢丝能够作为强度测试的样本。在修复期间从主缆截取断丝,但是,这些断丝要被保留下来作为腐蚀试验的样品。

2.4.3.5.1 样本数量

应该在第一次检查的时候截取1级钢丝的整套样本以及至少一半数量的2级钢丝(如果有2级钢丝的话)样本。这些样本与第二次检查截取的增加样本达到推荐样本数量的总数,那么在以后的检查就不需要再添加这些等级的钢丝样本。每个腐蚀等级推荐截取的样本数量见表2.4.3.5.1-1。选择计划样本的数量要使主缆强度评估误差达到最小值。

推荐截取的两座桥的主缆样本钢丝数量 表2.4.3.5.1-1

情况最严重的节段存在的腐蚀等级				样本总数(根)				评估误差(97.5%的置信水平)		评估主缆强度损耗	
								桥梁		桥梁	
1级	2级	3级	4级	1级	2级	3级	4级	X	Z	X	Z
100%	0%	0%	0%	10	—	—	—	3%	5%	0%	0%
	0%	0%	0%	10	15	—	—	3%	5%	0%	0%
	0%	0%	0%	10	15	35	—	3%	5%	1%	2%
	0%	20%	10%	10	15	35	60	4%	5%	9%	10%
	0%	40%	20%	10	15	35	60	4%	6%	16%	18%

注2.4.3.5.1:推荐的2级钢丝镀锌层试验应该在第一次检查中1级钢丝上实施,作为以后检查的基准。推荐样本数量是以试验结果为依据计算的,该试验结果显示拉伸强度减弱以及强度性能随着腐蚀加重而不断变化。钢丝特性见表2.4.3.5.1-2和表2.4.3.5.1-3,用于在97.5%的置信水平下估算主缆强度的误差。这些特征是在两座桥的钢丝试验室试验中得出的结果,分别记作X桥和Z桥。

钢丝特性X桥 表2.4.3.5.1-2

等 级	强度损耗(%)	变化系数(%)	裂纹钢丝(%)
2级	0	2	0
3级	1	3	5
4级	3	4	64
裂纹	16	13	不适用

钢丝特征Z桥 表2.4.3.5.1-3

等 级	强度损耗(%)	变化系数(%)	裂纹钢丝(%)
2级	1	3	0
3级	5	4	5
4级	6	4	64
裂纹	30	26	不适用

当相邻节段是完好时(没有破坏),这些钢丝特性的应用会导致表2.4.3.5.1-1给出的估算强度损失。当退化钢丝出现在相邻节段中时,强度损失都会更严重。

2.4.3.5.2　取样位置

2.4.3.5.2.a　1级钢丝

第一批节段应该在低点处解除缠丝:两个1级钢丝样本应该从每个节段中截取,在面向高速路一侧或者是在飞溅区,其中,一个是在6:00方位截取,另一个在3:00方位或者9:00方位截取。一个样本应在第一次打开检查留下的两个节段之中任意部位截取。

2.4.3.5.2.b　2级钢丝

从每一个节段截取1~3根2级钢丝样本。位置在低点,面向高速路一侧,一个样本应该在6:00方位,另一个应该在3:00方位或者是9:00方位。第三个样本位置可以随机挑选。如果在第一个位置没有发现2级钢丝,那么样本就应该在有2级钢丝的位置截取,而且每个节段的样本数量应该增加到推荐数量。

2.4.3.5.2.c　3级和4级钢丝

表2.4.3.5.1-1推荐截取的样本数量应该根据检查部位的计划数量随意分配,任意一个节段提取的样本数量最少是取样数量平均值的0.5倍,最多是1.5倍。如果在节段没有发现有要求等级的钢丝,那么指定分配给该节段的样本数量应该随机添加到没有检查的节段。在任意一个节段截取的3级和4级钢丝的样本数量分别不能超过10个。为达到该计划的目的,假定下列3级和4级钢丝百分比适用于表2.4.3.5.1-1:

第一次检查——3级钢丝为10%,4级钢丝为0%;

第二次检查——3级钢丝为20%,4级钢丝为10%;

后期检查——百分比由检测人员根据以前的检查评估。

根据3级和4级钢丝的不同分组提前准备的任意样本位置的表格,在每一个检查节段随机选取样本。

注2.4.3.5.2.c:在早期的检查中3级和4级样本钢丝的总数可能会比建议样本数量少,特别是发现在最后一个已经打开的节段存在大量较高等级钢丝的情况。在这种情况下,强度评估的误差可能比表2.4.3.5.1-1中推荐的数字要大。但是,下一次检查应该在5~10年后进行,那时会有更多检查节段可提供足够的样本。

2.4.3.5.3　每个样本的试样数量及样本长度

从每一个样本截取用于拉力和锌层损耗试验的试样推荐数量,以及推荐的样本长度见表2.4.3.5.3。

每个样本的试样数量和样本长度　　表2.4.3.5.3

样本的腐蚀等级	每个样本中试样的最小数量			样本长度(ft)
	强度试验	锌层试验	普利斯试验	
1	4	1	4	12
2	4	1	4	12
3	10	0	0	16~20
4	10	0	0	16~20

注:1ft=0.3048m。

注2.4.3.5.3:当腐蚀等级沿着样本钢丝长度改变时,用于检测强度的试样应该从钢丝中情况最差的区域截取。当第一次检查出现3级腐蚀情况或者出现4级腐蚀情况的深度不超过一根钢丝时,从3级和4级钢丝中截取12ft(约3.66m)长的样本,并且对4个试样进行测试。当第一次检查发现4级腐蚀情况的深度超过一根钢丝时,延长主缆去缠丝的长度并截取16ft(约4.88m)长的4级钢丝样本。

2.4.4 识别微观环境

在这部分描述的实地考察或者试验室试验有助于识别引起可观察的退化的主缆内部情况。

注 2.4.4:研究人员和调查人员正尝试去识别产生钢丝腐蚀的微观环境。可能有很多不同的环境类型会损害桥梁,以不同的速率引起钢丝退化。因此,鉴定影响检查中的主缆的环境类型是有用的。

2.4.4.1 孔隙水的 pH 值

在检查中,可以看到主缆钢丝上有湿气冷凝成的小水珠甚至流动的水。这些水可以用 pH 试验试纸条检测其酸碱度。如果可能的话,水的样本应该收集起来并且置放在新的密封惰性容器中,并且对其进行冷藏冷冻防止气体流失。样本应该送到试验室检查其中的气体和盐分的分解物,也就是我们熟知的污染物,比如氯化物、硫酸盐和硝酸盐等。

2.4.4.2 腐蚀产物

腐蚀产物能够从桥梁上取样。从这些样本中选择的试样有助于研究腐蚀产物,同样也可以从缠绕钢丝上刮下锌的化合物。

2.4.4.3 长期监测

虽然当前不能实现,但是长期监测器可以被嵌入到主缆内部的关键部位。它们可以用来确定随时间变化的干湿循环,显示水分和水的 pH 值、氧气的供给以及其他因素。

注 2.4.4.3:水的存在是可能出现钢丝腐蚀现象的迹象。水的 pH 值表明主缆内部的环境已被危害的程度。pH 值低表明酸性高,可能导致镀锌层加速退化。

2.4.5 拆除索夹和吊索

索夹是悬索悬吊系统中不可或缺的一部分,一旦钢丝出现异常现象,索夹能够为保持主缆应力起到一定的作用。索夹螺栓张力影响了断丝时索夹扩展的主缆应力的能力,并且对索夹在不发生滑动的情况下能够把主缆作用力的切线分量转移传递到主缆的这一功能也有影响。

必须拆除索夹才能对靠近索夹的主缆退化程度和节段中部的主缆退化程度进行比较。

注 2.4.5:当索夹内和靠近索夹的钢丝损坏程度与剩余节段的钢丝损坏程度大致相当时(可能并非总是如此),每当出现 4 级钢丝或者断丝时,都应该检查索夹的情况。

2.4.5.1 索夹螺栓张力

在钢丝检查中,按惯例会检测索夹螺栓轴力。这种检测通过在螺栓松动和拧紧两种情况下测量螺栓长度来完成。测量工具是一个灵敏度为 10^{-4}in(1in = 0.025 4m)的延伸仪。延伸仪顶部是球状的,可以顶紧螺栓端的圆锥形中心孔。一次只能测量一个螺栓,测量之后要立即重新拧紧,恢复原来规定的张力,所有索夹的螺栓都要经过测试。

在测量螺栓张力之前,索夹中间的堵塞物要被清除掉,螺栓的中心孔要清除涂料和碎屑。在旋松螺栓之前要把延伸仪的读数调为 0,使 3 ~4 次的延伸仪器的读数平均值达到 0。然后旋松螺栓,在没有螺栓拉力的情况下,测取 3 ~4 次延伸仪读数的平均值。这两组读数的差值就是拉伸应力作用下的螺栓的延伸率。从这个延伸度率中可评估出螺栓轴力。螺栓长度从顶部底边延伸到螺母的中心。如果已知原来的螺栓安装轴力,测量的螺栓轴力就可以用来评估张力随着时间衰减的情况,主要原因是桥梁钢丝上的锌层发生蠕变或者是主缆逐渐变得更密实。

注 2.4.5.1:在主缆检查期间,必须确定索夹螺栓轴力来评估防止索夹下滑的可靠性。虽然这一方面的工作与主缆性能没有直接联系,但如果知道索夹的夹持力和钢丝间可能产生的摩擦力是有用的。如果检查 16 个索夹,那么一个索夹中的螺栓实际平均轴力可能会出现高达15%的误差，但是如果安全系数和防滑可靠性足够大，可以容许该误差的存在。

一个读数到 10^{-4}in(1in = 0.025 4m)的长型测微计可以代替延伸仪读数，但是需要一个球形铁砧座，而且必须检测其与螺栓尾端的孔是否相兼容。

2.4.5.2 拆除吊索并检查主缆

拆除吊索和索夹需要承包商的协助且必须经过严密计划和认真执行。拆除之前，吊索应该做上与主缆相对应的记号，并且记录吊索的长度，使吊索及其锚具在原来的位置和方向能容易进行重装。索夹在主缆的准确位置也应该做标记记号。

为了更深入接近主缆内部同时检查两个相邻节段，楔开线应该是连续穿过两个节段和索夹区域。通过被楔开的主缆可以看到被拆除的吊索绕在主缆上。

注2.4.5.2：没有拆除索夹可以检查的部分主缆与不能检查的部分主缆是有区别的。评估索夹不能拆除位置观察不到的缺陷钢丝是必要的。这样，整个节段中损坏最严重的部位才能够在主缆横截面的图上标示出来。

2.4.5.3 重装吊索

在重装索夹之前主缆必须重新紧缆，并且索夹要准确放置在其被拆除前的位置，如果做不到就会改变吊索的索力。重新紧固螺栓使螺栓轴力达到原来规定的应力，索夹槽与垂直面对齐。

重装的吊索应该与主缆相对应的记号对准。应该使用千斤顶降下吊索，当整条吊索恢复至原来位置时，才能够把吊索锚具放在锚固支架内。该程序应该确保恢复拆除吊索之前吊索每肢的张力。

2.4.6 重新评估检查计划

在情况最糟糕的节段检查之后，调查人员应该对预测的和实际的破坏状况进行对比。有可能导致楔开次数减少，或者是检查节段数量的增加，又或者是其他检查计划的变动。

2.4.7 重新安装主缆保护系统

完成检查和取样之后，主缆必须被重新紧缆，而且需更换主缆保护系统。根据先前测量的主缆直径，把主缆重新紧缆到原来的程度，用液压紧缆机(见2.3.3.2.1)完成此项作业，主缆直径不能大于解除缠丝之前测量的直径减去两倍的缠绕钢丝的直径。紧缆后，用钢质包带或者硬塑料(比如芳纶纤维)包带以12~18in(304.80~457.20mm)的间距捆绑主缆，保持紧缆状态，直到完成整个缠丝工作。在使用缠丝机之前，应该先在主缆上涂抹有保护作用的腻子，然后再用缠丝机对主缆进行缠丝，缠丝机能够给每一层缠丝施加至少300磅(1磅=4.448 22kN)的拉力。完成缠丝后，应该按桥梁业主制订的涂装系统对其进行涂装防护，并且密封索夹的排水槽。

注2.4.7：替换的保护体系通常要满足现行的标准。水性涂料和防护膜有极佳的保护效果，并且能够阻止水渗透到缠丝表面进而渗入到主缆内部。然而，因为替换部分只能够弥补有限的检查区域的防护，可能没有多大益处。如果水分有机会渗入到没有检查的区域中那些已老化的防护体系，新缠丝区域的良好的涂装系统会使水分被保留在主缆内部。因此更换保护体系时，在主缆低点提供足够的排水孔排水就显得很重要。许多机构在重新审视红丹腻子的使用，并且试验研究其替代品，甚至完全不使用腻子，重点关注外层保护体系的质量。现在许多索夹使用聚氨酯或者是硫化橡胶嵌缝，而不是用铅棉，以前主缆结构嵌填可能使用过铅棉。

更多的防护体系信息可参考1.3.3。

2.4.8 主缆修复期间的检查

2.4.8.1 概述

当主缆损坏的程度达到3级腐蚀或者更严重，或者当缠丝系统已经退化需要更换时，一些专家选择给主缆加油来抵御腐蚀,但加油只能维持一段时间。而且还要更换外部保护系统,因为在加油操作时必须去除该系统。这些条件下都可以在所有主缆节段上检查钢丝,检查可以在解除缠丝之后进行。图2.4.8.1为楔开主缆进行的修复操作。楔开直线没有像正常情况一样呈径向对齐状态时,楔开口仍然能够成功地用于主缆内部检查。

注2.4.8.1:大部分检查工作需要接近到主缆内部钢丝作业,并更换保护系统。因为省小额费用而错过检查机会,会造成相关主缆损坏、主缆防护系统更换等更大的浪费。

图2.4.8.1 主缆修复期间的检查

2.4.8.2 检查要求与加油作业

主缆加油作业是从高处往低处进行操作。为了使加油作业不影响检查进行,必须在加油之前对若干个节段进行楔开操作,因此在加油之前要检查楔开部位。

为加油而楔开并不总会提供适当的开口以评估最严重的主缆损坏。因此,用于主缆检查的底部辅助楔是必要的。因为楔开必须在加油到达之前进行,解除缠丝更应该在加油作业前进行,主缆底部的楔开作业与加油的楔开作业没有关联。

2.4.9 锚固区域的检查和试验

锚碇的主缆是通过散索鞍或者穿过散索套向外散开。在散开处没有缠丝,因此更容易检查。主缆索股通过索股靴和眼杆或者是锚具和拉杆与锚碇相连。下面对这些部位的检查进行讨论。最近新建的悬索桥通常是用工厂预制的平行钢丝索股(PWS)代替空中纺丝索股。这些桥梁的锚碇与这里讨论的锚碇不太一样,检查用表也与本指南中提到的这些案例不一样,但是检查原理是相同的。因此检查人员应该为每一座桥准备一张专用的表格,检查应该覆盖空中纺丝主缆以及替代方法,涵盖所有相关项目,比如,"索股锚具"与"索股靴","锚固体系"与"眼杆"。基本的区别在于PWS在索股锚固点处用的是锚具而不是索股靴,而且通常是用钢架结构来固定锚具而不是用眼杆。

注2.4.9:许多锚碇容易受水冷凝结的影响,因为混凝土锚体就像一个散热器。再者,许多锚碇顶板功能和公路面层一样,在路边或靠近路边的位置有施工缝。这样表面的水可以渗入到锚碇中,而且还会滴在靠近公路处的散索和眼杆上。对锚碇顶部的水临时改道收效甚微。

现场试验证明了锚碇中主缆的腐蚀机制与散索鞍之间主跨、边跨的有保护系统的主缆的腐蚀机制明显不一样。这可以从腐蚀钢丝的外观差异得到证明。在潮湿的锚碇,出现大面积的表面腐蚀以及明显截面损失之后,钢丝发生失效现象。相反的,有保护系统的主缆出现的钢丝失效现象是钢丝脆化和"平口和凹陷"断口凹槽,很少或没有截面损失。

图2.4.9.2 在索股靴内发现钢丝损坏

2.4.9.1 索股钢丝

锚碇内部的索股至少应该从一个横向和一个纵向分别楔开。在损坏最严重的部位,调查人员应该增加楔开次数。腐蚀钢丝的最小直径应该被测量和记录下来。

注2.4.9.1:一般地,锚碇索股在索股较低端(即靠近锚固点)比较高部位的损坏更严重,虽然索股的上端部位(水流过散索套或者滴入散索套正下方的索股的位置)也会受到损坏。

2.4.9.2 索股靴附近和环绕索股靴的钢丝

在潮湿的锚碇中,长期积水部位的索股钢丝退化情况最严重。这种情况一般发生在索股下半部,与索股靴接触或者是相邻的位置,如图2.4.9.2(钢卷尺显示的是索股靴的前端位置)所示。该区域比较难接近,钢丝的损坏程度也只能从表面进行推断。这样不完全的信息不足以评估钢丝的整体损坏程度。这些桥梁的经验表明,如果在索股靴边缘有若干根断丝,而且伴随还没有失效的钢丝表面有截面损失,那么在索股中不可进入的部分可能出现了更严重的情况。调查人员必须在了解整个索股的情况和锚碇区域需要恢复主缆强度的背景下,对索股潜在的性能和索股是否需要修复做出工程判断。

注2.4.9.2:通过对外观相似的索股性能和情况进行评估,允许索股剪切和重新锚固。已使用或者是正在开发的无损评估(NDE)设备还不能对环绕索股靴钢丝的损伤进行合理评估。

2.4.9.3 眼杆

所有的眼杆应该每两年仔细检查一次,并报告腐蚀产物、脱落的锈片以及松动的涂层等。腐蚀产物在一些可接近的眼杆中应该用锤子和凿子去除,直到能够鉴定截面损失为止。对眼杆出现截面损耗的位置有疑问时,眼杆上所有的涂料和腐蚀产物需要用喷丸处理来去除。眼杆截面损失程度用专门设计的卡尺在沿眼杆宽边的最少每五个相同间隔进行测量。眼杆窄边的损耗也应该确定下来。

用超声波厚度测量仪测量眼杆表面的腐蚀太粗糙,应该进行试验来确定其适用性。

从这些测量数据中计算眼杆的剩余面积,并利用这些剩余面积预测眼杆用于锚固索股的性能。

注2.4.9.3:在潮湿的锚碇中,眼杆的表面也就是其插入混凝土块的正上方,常常发现有厚重的腐蚀产物的沉淀。这种损坏的程度并不是像表面看到的一样,因为腐蚀产物包含了紧附在金属上的黑色氧化物,通常在准备涂料之前没有被去除。该腐蚀在混凝土表层的下方一般不会扩散。

对有些锚碇,接近并进行观察检查可能受到限制时,需要一台摄影机辅助检查。

即使不考虑能否接近腐蚀产物位置,用手工去除腐蚀产物也是不可取的,因为该生成物附在金属基体上,用锤子难以敲除掉。

用喷丸处理除锈效果最佳,由承包商来执行除锈。

评估索股和眼杆性能的技术工艺与在第5章描述的有限韧性模型的方法是一样的。认为全部索股是固定在散索套或者散索鞍上,被固定的这个点可以定量移动,拉紧眼杆和索股组合构件。每股索股的张力可以通过其延伸率计算出。眼杆及附着的索股的组合件达到其极限强度时,眼杆会屈服,索股会失效,该组合的部分或者全部的张力会分配到其他构件上。每条索股力的总和就是主缆的作用力,能达到的最大作用力就是极限强度,可能小于单根索股的强度之和。

2.4.9.4 散索套内部的钢丝

如果散索套内部发现有钢丝受损就需要检查。需要一项工程和建设计划,将散索套暂时向上移动,使索股分开便于接近。只有在桥梁钢丝和主缆检查这方面经验丰富,并且有足够能力的承包公司才可以胜任这项工程。这种检查的基本目的就是要确定钢丝的状况。

截面损耗严重的钢丝和断丝都应该更换,新的镀锌钢丝应该拼接到受损钢丝的无损点位置。所有的金属箍都应该移到最终定位的散索套的外部。形成的通道可以允许检查所有钢丝,帮助评估散索套区域的主缆。

注2.4.9.4:这项工程很可能要求安装导向架来保持所有索股的长度一致。索股排列调整失控会导致主缆和悬吊结构出现不必要的移动。该程序的目的就是使所有钢丝的张力一直都保持不变。

2.4.9.5 锚碇顶部

当索股受到严重损耗时,需要检查锚碇顶部来鉴定湿气的来源。

2.4.9.6 眼杆测量仪器

当调查人员需要知道活载应力以及温度变化对主缆的影响时,可能会在眼杆上安装测量仪器来获取需要的数据。假设锚碇和主塔的索鞍可以自由移动,对眼杆的作用就会转移到桥跨的悬垂区域的任何部位。如果有必要,可以安装测量仪器测量主缆温度和用分析方法计算主缆应力变化,并分别确定温度对主缆的影响。

为了减小温度变化对眼杆的影响,推荐在每根眼杆上都装上全桥电路。在眼杆的水平中心线两端相向安装两个应变规,用于判定眼杆弯曲应力的构成。选择一组对角交叉的一排索股就是足够大的样本,足以确保比较适宜的平均值。外部索股的力则要乘以外部索股与中心索股形成的角度的余弦值来修正。

注 2.4.9.6:美国国家公路运输管理员协会标准 AASHTO 的设计载重和载重因素通常不用于长跨度的悬索桥,否则会导致安全系数降低,不能代表真实情况。

仪器仪表和数据采集是一种有效的评估桥梁载重的方法,特别是疲劳荷载应力幅值和直方图。解除缠丝时直接测量主缆钢丝能够比从眼杆测量仪器中获得更精确的活载和应力幅值。这项工作应该在锚碇或散索鞍以外的桥跨进行。至少要有 8 支应变计以 45°间隔绕主缆钢丝布置。

2.4.9.7 除湿

在锚碇上安装了除湿系统之后,该系统应该由在场的维修人员或者是熟悉该操作的机械工程师检查,检查按照以下程序进行:

(1)直接打开锚室测量相对湿度。

(2)在潮湿的天气或者雨天测量长达 2h 的相对湿度。

(3)检测该设备的运作,核实当相对湿度达到该仪器设定的标准(在锚室用电热壶烧开水可以达到效果)时仪器是否开始运行,当湿度达到正常标准时仪器是否会关闭。

(4)检查水密门密封垫和其他泄露口。

2.4.10 检查鞍座的主缆

迄今为止还没有检查过哪一座桥梁鞍座内的主缆钢丝。对钢丝的观测只是局限在鞍座的顶部和两端,即在鞍座表面可以看到的主缆部分,而不是在鞍座内部。现在或者近期,都没有提供可以帮助评估鞍座区域的损坏钢丝的无损检测设备。从第二次主缆检查开始,应该检查鞍座顶部的钢丝以及保护套内部的钢丝,除非更早前就观察发现渗水迹象。在第二次检查主缆的时候要检查鞍座一半的钢丝,在第三次检查时,则检查另一半。

注 2.4.10:鞍座是主缆的一个转折点,鞍座和主缆的接触对于支撑桥梁是必要的。基于过去检查的经验,通常在鞍座表面的钢丝都处于良好的状态,特别是当这些钢丝都涂有一层石蜡防护时。

当然也有例外:有一座桥梁,尽管塔顶设有鞍罩,但是主索鞍上的主缆顶部还是覆盖了一层鸟的粪便。因为钢丝没有石蜡的保护,也没有其他涂料,因此最上层的钢丝出现了截面损耗。在第一次检查时,没有必要检查鞍座护盖或者鞍室内部的钢丝。第二次检查应该在桥梁完工之后,最早 35 年或者 40 年,最迟到 60 年后进行。无论是哪种情况,都应该在第二次检查时检查鞍座护盖或鞍室内部的钢丝这些区域。

2.4.10.1 主索鞍

主索鞍有两种不同类型的外围防护,因此要求有两种不同的路径进入对钢丝进行观察。

2.4.10.1.1 塔顶鞍罩

桥塔顶部的鞍罩是桥塔的延伸,由能够覆盖桥塔整个顶部表面的顶棚,或者是一组单独的外壳护罩构成,每个鞍座各设一个。鞍罩可以遮盖整个鞍座,只要打开检查门就可以观察鞍座和暴露的钢丝。

2.4.10.1.2 带盖板的露天鞍座

鞍座暴露在桥塔的顶部,但是在鞍座的边缘用带帽螺栓紧固有顶部挡板来保护的主缆。同时也安装了防水板。为了能够接近钢丝,挡板和防水板需要暂时拆除。

索鞍内的主缆通常是用一层石蜡来对其进行保护(通常是用蜂蜡和石蜡)。这种保护层应该在检查之后更换,重新上一层蜡或者是用另外一种防水涂料。

2.4.10.2 散索鞍

散索鞍架设在坚固的框架结构顶上或者分离式支柱上,适应主缆在边跨末端的锚碇向下转折的方向变化。这些鞍座的附属围栏结构有多种类型。

2.4.10.2.1 锚碇内部的鞍座

散索鞍设在锚碇结构的内部,鞍座和表面的钢丝都暴露在外,可以观察。

2.4.10.2.2 扩展锚室

从锚碇结构在高速路的上方延伸出来的钢结构或混凝土建筑,能遮盖住转弯支柱以及鞍座。在这些锚室中,可以观察鞍座和表面的钢丝。

2.4.10.2.3 外露的鞍座和顶盖

带电镀金属顶盖的外露的鞍座与2.4.10.1.2提到的情况是一样的。主缆在经过由锚碇顶部延伸出来的暴露的鞍座时发生弯曲。钢丝受到用螺栓固定在鞍座两侧的金属顶盖的保护。为了接近钢丝,挡板和防水板要暂时拆除。

3 试验室试验

3.1 简　　介

试验室试验是主缆检查一个不可分割的组成部分。试验结果用于估算钢丝强度及应力与应变之间的关系,这一关系反过来也可以用于评估主缆强度。同样的试验用于确定有限韧性模型中钢丝的极限应变。其他试验用于评估锌层的剩余寿命。对主缆进行的额外试验用于研究腐蚀的原因。虽然这些内容都归入本章节,但是它们与结构安全评估没有关联。

3.2 钢丝性能试验

强度试验是评估主缆性能的最基本试验。

3.2.1 准备试样

一个钢丝样本是指为了试验而从主缆截取的一段钢丝。一个试样是指为了进行专门的试验而从样本中剪切的一段钢丝。在现场截取的样本钢丝应该足够长,可以提供表 2.4.3.5.3 推荐的试样数量。

从给定样本中获取的所有试样应该是在相同的腐蚀等级,但这并不是总可能实现的。在从样本钢丝中剪切试样之前,就应该确定钢丝的圈绕直径。如果样本钢丝置于平整地面足够长,能形成一个完整的圆圈时,就测量在两个垂直方向的圈绕直径,取其结果的平均值。如果样本钢丝长度不能形成一个完整的圆圈,则测量曲线的两组便于取值的弦长和弧度高,用几何公式计算出直径取平均值。

直径 d 按下列公式计算得出:

$$d = 2 \times \frac{4b^2 + c^2}{8b} \tag{3.2.1}$$

式中:b——弦和弧之间的高度;

c——弦长。

把样本钢丝剪切成适合试验长度的试样之前,应该检查样本钢丝,并且确定对应的腐蚀等级。如果可能的话,在样本钢丝被剪切之前,应该运用查找已有裂纹钢丝的 NDE 无损检测技术,让开裂最严重处可能出现在靠近试样中心的位置。在众多技术当中,可以用于鉴定裂纹的技术是在已清洁钢丝上着色渗透和漏磁检测。

注 3.2.1:无裂纹的典型 4 级钢丝样本的标准偏差是拉伸强度平均值的 1% ~2%。10 个试样就足以在置信水平为 97.5% 的真实平均值的 3% 之内,确定拉伸强度的样本平均值。

如果推荐的主缆解除缠丝是 16ft(约 4.88m),那么在第一次主缆内部检查时无法获取这一数量的试样。当发现腐蚀等级高于 3 级时,增加主缆解除缠丝的长度,就可以截取至少 16ft(约 4.88m)长的 4 级样本钢丝。当腐蚀等级不超过 3 级时,钢丝不太可能会出现裂纹,那么 12ft(约 3.66m)长的样本提供 8 个 3 级钢丝试样就足够了。

在使用着色渗透查找裂纹之前,必须清洁钢丝,并清除所有腐蚀物。即使这样,浅点蚀也可能会遮盖裂纹或者与裂纹混淆。最可靠的判别裂纹的方法就是在试验之后目测检查断裂面。试验之前使用光学显微镜是替代着色渗透或漏磁检测的方法,这样做非常耗时。即使有了显微镜,许多开裂点肉眼也可能无法查找到。

3.2.2 拉伸试验

拉伸试验中得出的钢丝强度用于估算主缆强度。拉伸试验应该根据 ASTM(美国标准)A586 和

ASTM(美国标准)A370 进行,主要确定钢丝的以下性能:

(1)钢丝的破断荷载。

(2)屈服强度(0.2%残余变形法)。

(3)拉伸强度。

(4)10in(0.254m)标距长度的延伸率。

(5)断面收缩率。

(6)弹性模数。

拉伸强度应该根据钢丝的标称面积计算。

注 3.2.2:许多工程师在计算中宁愿用钢丝拉伸强度而不用作用力表示钢丝强度,因此,本指南中的强度公式是使用拉伸强度来推导,强度乘以钢丝的标称面积就可计算主缆强度。因此,拉伸强度试验的结果也应该基于标称面积。总金属面积(包括锌层面积)或者是净面积(不包括锌层面积,相当于无锌层钢丝的标称面积)都可以使用,只要在所有主缆强度计算时使用相同的面积取值。从主缆截取的样本的锌层通常会钝化,计算中首选的是净钢丝的面积,因为在试验室能够更准确地测量没有镀锌的钢丝的实际直径。

无论何时在试样中观察到截面损失,都要更关注实际腐蚀钢丝截面的应力,因为它提供了腐蚀区域钢材的实际拉伸强度。美国曼哈顿大桥的锚碇钢丝测试表明,发生截面损失的时候,拉伸强度值不会发生改变。出现显著差异则意味着氢脆开裂或者是钢丝点蚀。

3.2.3 获取作用力与应变曲线的数据

除了上面列举的试验,应该在钢丝拉伸作用力达到最大值失效之前,分区间记录钢丝的延伸率。这些数据应该用于为每一个试样建立一条完整的应力应变曲线,或者是作用力与应变曲线。还应该确定与拉伸强度相对应的极限应变。

注 3.2.3:因为钢丝失效时,伸长计也会损坏,试验室试验要选择确定延伸率超出2%的技术方法。一个选项是测量试验机顶部的移动距离,设置专用夹具调整伸长仪移动,这个测量系统包括有变形的弹性和塑性部件。

3.2.4 可疑钢丝的断口检查

应该观察钢丝断裂面来判断是可塑性还是易脆性失效。脆性失效的点蚀或断裂都缺乏延展性,延伸率和强度减小,以及少量或者没有面积缩小,应该特别注意这些现象的起因。断口检查推荐使用的仪器是立体光学显微镜和/或扫描电子显微镜。推荐在各种有腐蚀或污染痕迹的断裂面使用 X 射线能量弥散谱分析仪。

注 3.2.4:通常用于研究金属微观结构的技术也可以用于研究钢丝失效和腐蚀形态。

3.2.4.1 光学(光)显微镜

一个 20X 倍率的立体显微镜是最有效的检测断裂面既有裂纹的工具。如果显微镜配有标线,或者是间接从断裂面拍一张微观照片,就可以直接测量裂纹的深度。

研究微蚀钢丝纵切面可以通过用一个放大倍数为 50X 到 200X 的光学显微镜来鉴定点蚀中的腐蚀形态(包括颗粒间的和颗粒内的)和在断裂面附近建立二次裂纹的通道。

3.2.4.2 扫描电子显微镜(SEM)

使用光学显微镜可以研究的任何特征,都更容易通过使用扫描电子显微镜来研究。扫描电子显微镜较光学显微镜可以放大更高倍数,可以观察到更深的地方并且分辨率更高。与此同时,扫描电子显微镜还可以同步仔细研究失效的表面。

使用扫描电子显微镜,能够观察到损坏表面的钢丝足够多的细节来鉴定失效机制,比如裂解或者韧性断裂。还可以观察到断裂面金属结构的可识别的腐蚀残留物。

3.2.4.3 加工,抛光,蚀刻

桥梁钢丝应该在圈绕半径平面进行加工、抛光。这个方法一般是要横穿任意横向点蚀和从内半径开始开裂的钢丝。用不同试剂蚀刻的抛光表面会显现详细的钢材微观组织。

3.2.4.4 图像判读

放大的破坏状态图像应该由冶金学家来解读,如果是异常的,则由腐蚀专家来解读。这些图像可能显示脆化、氢致裂纹或者其他腐蚀机制,对于这些领域的专家来说都是可以识别的。

3.2.5 既有裂纹的断裂表面检查

评估主缆强度时,断裂钢丝应该单独归为一组,裂纹钢丝见图3.2.5。出现在用于试样试验之前的裂纹定义为既有裂纹。这些裂纹是可以在使用立体光学显微镜放大20倍检查所有拉伸试样的断裂面时发现。从既有裂纹的样本中剪切的每个试样,一般认为都包含一处既有裂纹。还应该检查脆性破裂钢丝附近的钢丝外层,使用立体光学显微镜查找出现的其他既有裂纹。每个破裂的试样都应该拍照,并测量裂纹深度。断裂平面的钢丝直径以及裂纹深度,应该在报告表格记录其绝对值和占原钢丝直径的比例。

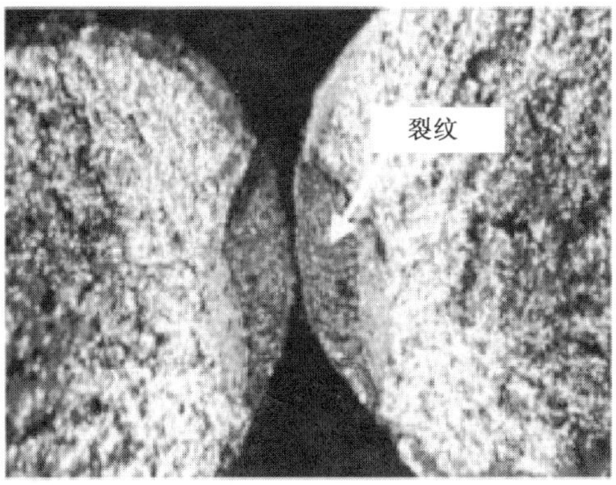

图3.2.5 裂纹钢丝

一个脆性断裂钢丝附近的一小节钢丝的纵切面,应该在光学显微镜或者扫描电子显微镜下进行观察检查。在做准备工作的时候,样本切面应该抛光、蚀刻,推荐使用乙醇溶解的10%的硝酸溶液作为蚀刻剂。

注3.2.5:在1级钢丝和2级钢丝中,既有裂纹通常是由制造缺陷形成的。但是在3级钢丝和4级钢丝中,大部分裂纹通常是由镀锌所带来的氢离子引起的。3级钢丝和4级钢丝中既有裂纹的钢丝表面通常是黑色的,因此很容易就能从由试验负载形成的断裂面识别这些裂纹。

3.3 镀锌层试验

在主缆钢丝评估中有两种镀锌层试验:镀锌层重量试验和普利斯试验。锌层的最小厚度决定了它的状况,而不是平均厚度。

注3.3:在钢丝上完好锌层的亮银色区域通常有白色的斑点。如果白色斑点的面积是表层面积的30%或者更多,那么在镀锌层的这个厚度可能发生了较大的变化。

3.3.1 锌重试验

镀锌层重量试验在ASTM(美国标准)A90中有详细说明,这是一种重量分析试验,测量从一个单位长度钢丝中截取锌层的重量。这个测试用于确定该段钢丝的平均锌重,区别于锌层厚度的变化。镀锌层重量测试应该用于1级和2级钢丝试样,这些试样显示均匀的锌或者是斑点状的锌缺失。

注3.3.1:由试验确定的一个单位长度的锌层的平均重量能够转变为镀锌层的平均剩余厚度,并且用于预测镀锌层何时会被耗尽。

3.3.2 锌层均匀度普利斯试验

普里斯试验在ASTM(美国标准)A239中有详细说明,用于鉴定1级和2级钢丝镀锌层的均匀度。

普里斯试验是化学试验，依靠硫酸铜和锌的反应，用于确定试样上的锌层是均匀耗损还是部分耗损。

普里斯测试应该应用在显示均匀锌层或者斑点状锌损失的1级和2级钢丝试样。

注3.3.2：普里斯测试要连续进行。钢丝在规定的时间周期浸泡在硫酸铜溶液中，如果有足量的锌层，那么钢丝会保持完好锌块的光亮表面光泽。如果显现的锌不足，那么铜会镀在钢丝上，并且钢丝表层的颜色会转变成铜的颜色。

这个试验于第4次浸泡钢丝后结束。

3.4 化学分析

钢丝的化学成分应该在以下情形下确认：从未试验过；之前试验得出结果不可用；试验反映出样本拉伸强度的异常变化。

通过化学分析试验获取以下元素的百分数：

(1)碳(carbon)。

(2)硅(silicon)。

(3)锰(manganese)。

(4)磷(phosphorous)。

(5)硫(sulfur)。

(6)铜(copper)。

(7)镍(nickel)。

(8)铬(chromium)。

(9)铝(aluminum)。

需要分析5根钢丝，为以后的检查提供一个完整的信息记录。如果发现钢的化学作用有显著变化时，应该咨询冶金学家，并研究其对钢丝性能的影响。

如果出现腐蚀情况，应该对样本钢丝表面的沉淀物进行化学分析，检测有害的污染物。需确定以下盐分出现或者消失的情况：

(1)氯化物(chloride)。

(2)硫酸盐(sulfates)。

(3)硝酸盐(nitrates)。

这些结果都应该以单位钢丝面积的绝对值记录报告。

注3.4：钢丝的碳含量的变化导致的拉伸强度的变化比其他元素的变化要大。美国威廉斯堡大桥主缆钢丝就是这一现象的一个案例。在这类桥梁的后续检查中，获取样本的模式与推荐的模式应该是有差异的，那样才能确定碳含量、拉伸强度以及极限应变的变化程度范围。参考文献[1]描述了需遵循的正确程序。

通常在桥梁钢丝中不会存在铝元素，除非在钢铁生产时含有脱氧剂。

3.5 腐蚀分析

在一些案例中，调查人员可能会建议研究钢丝或者锚碇的腐蚀产物。腐蚀分析可以用于表层腐蚀膜、钢丝的断裂面及腐蚀的副产品上。分析表明，路面盐产生的氯化物、酸雨中的硫酸盐以及硝酸盐都是引起腐蚀的原因，可推荐补救措施除去这些污染元素。

注3.5：用于腐蚀分析的各种电子显微镜：

(1)X射线光电子能谱仪(ESCA)。

X射线光电子能谱仪是一种表层感应的光学技术，能够提供关于固体材料的最表外层原子层(2nm)的结构和组成信息。ESCA能够检测除氢和氦外的所有元素。元素的检测限值一般是0.5%。有时，使用这种技术也可以鉴定元素的化学状态，包括其键态结构。

(2)能量弥散的X射线分析仪(EDAX)。

能量弥散的X射线分析仪是扫描电子显微镜的一个附件，该显微镜能够从试样放射出来的X射线识别表层的元素。EDAX能够探测像硼(原子编号为5)一样轻的元素，特别适合识别无机化学元素。这些结果只是半定量的，没有推荐使用的主要标准。由于复杂的变量组合，比如样本量，表层条件状态以及仪器的定位等。然而，在低浓度元素的分析中会出现小小的峰底比是不可避免的，较难获得准确的定量分析。

(3)X射线衍射仪(XRD)。

X射线衍射仪用于获取关于多晶材料的结构、成分以及状态信息，可以用于确定腐蚀产物的具体组成和状态。例如，如果有足够量的产品可用，就能够识别一个特定元素的各种氧化物(比如磁铁 Fe_3O_4 以及赤铁矿 Fe_2O_3)。

3.6 本章参考文献

[1] Mtteo J, Deodatis G, Billington D P. 悬索桥主缆的安全分析：威廉斯堡大桥[J]. 结构工程杂志, 1994, 120(11): 3197-3211.

4　现场检查评估和试验室数据

4.1　简　　介

这一节涵盖了现场观察和试验室试验结果制表，将其数据制成表格，用于估算主缆强度。给出了确定每个腐蚀等级的钢丝数量、有效扩展长度和（当评估节段是唯一被检查节段时）相邻节段中断裂钢丝的数量的操作指南。如果能检查有效扩展长度的所有节段，则改用附录 B 中描述的评估断裂钢丝的技术。

4.2　图示和损伤评估

假定观察钢丝为在半扇区楔开口的同一侧同一深度的所有钢丝，那么观察的位置（图 4.2）在楔开口的左侧或者右侧均可。分析检查用表中记录的现场数据，估算主缆中每个检查节段的损坏。钢丝可以是完好的也可以是断裂的，并且计算各不相同。

注 4.2：建议使用图 4.2.2 和图 4.2.3.1 中的电子表格，以便于计算。一张表格用于分析断丝，另一张用于分析每个节段的腐蚀等级。

4.2.1　特定深度的钢丝数量

为了分析从现场考察收集的数据，假设主缆是由环绕一根中心钢丝的同心环钢丝组成，如图4.2.1所示。

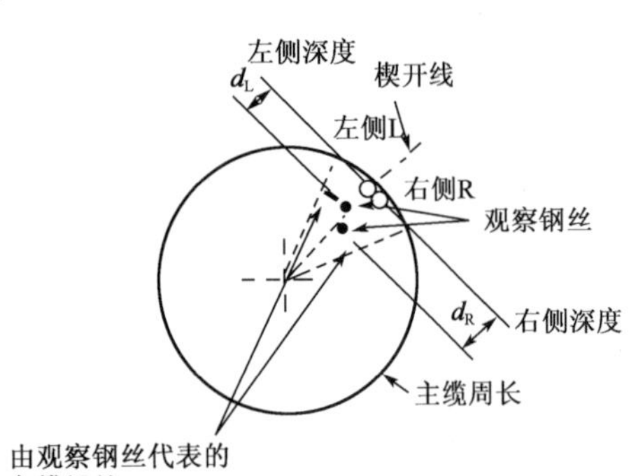

图 4.2　半扇形区钢丝计数

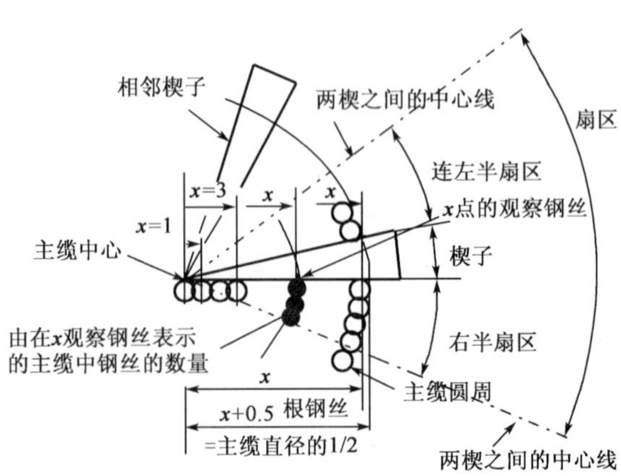

图 4.2.1　钢丝计数

注 4.2.1：一根主缆中的钢丝其实没有确切地位于哪个环，但是假设主缆是环绕一根中心钢丝的同心环钢丝，这样有助于估算楔开口内部特定深度的钢丝数量。假定从一个环的中心到下一个环的中心等同于一根钢丝的直径比较简单。事实上，环与环之间的距离小于一根钢丝的直径，因为一个环中的部分钢丝会嵌套在下一环内，这将超过补偿特定环中钢丝之间的间距，比一根钢丝直径稍大。其效果就是环的数量远远大于从钢丝中心到主缆表层的距离除以钢丝直径。

4.2.1.1 主缆中环的数量

主缆中环的数量根据以下公式估算：

$$X = \sqrt{\frac{N}{\pi}} + 0.5 \qquad \text{（四舍五入取整数）} \qquad (4.2.1.1)$$

式中：X——主缆中不包括中心钢丝的环数；

N——主缆中钢丝的实际数量。

4.2.1.2 每个环中的钢丝数量

每个环中的钢丝数量从以下公式计算得出：

$$n_x = \frac{2x(N-1)}{X(X+1)} \qquad (4.2.1.2)$$

式中：n_x——x 环中的钢丝数量；

x——从主缆中心到特定环之间的环数。

若主缆的中心钢丝为 $x=0$，那么 n_0 取 1。

每个环中的钢丝数量都不相等，X 和 n 的样本计算见图 4.2.1.2。

计算示例
项目：世纪大桥
主缆中钢丝层数和每一层钢丝的数量

每条索股的钢丝数量=270
主缆中的索股数=37
主缆的钢丝总数N=9 990

$X=\sqrt{\frac{N}{\pi}}+0.5$（四舍五入取整数）

$n_x=\frac{2x(N-1)}{X(X+1)}$

外部的环编号	到主缆中心的距离	环中钢丝数量
外层钢丝1	57	344.4
2	56	338.4
3	55	332.4
4	54	326.3
5	53	320.3
6	52	314.2
7	51	308.2
8	50	302.1
9	49	296.1
10	48	290.1
11	47	284.0
12	46	278.0
13	45	271.9
14	44	255.9
15	43	259.8
16	42	253.8
17	41	247.8
18	40	241.7
19	39	235.7
20	38	229.6
21	37	223.6
22	36	217.5
23	35	211.5
24	34	205.5
25	33	199.4
26	32	193.4
27	31	187.3
28	30	181.3
29	29	175.2
30	28	169.2
31	27	153.2
32	26	157.1
33	25	151.1
34	24	145.0
35	23	139.0
36	22	132.9
37	21	126.9
38	20	120.9
39	19	114.8
40	18	108.8
41	17	102.7
42	16	96.7
43	15	90.6
44	14	84.6
45	13	78.6
46	12	72.5
47	11	66.5
48	10	60.4
49	9	54.4
50	8	48.3
51	7	42.3
52	6	36.3
53	5	30.2
54	4	24.2
55	3	18.1
56	2	12.1
57	1	6.0
主缆中心 58	0	1.0
总数		9 990

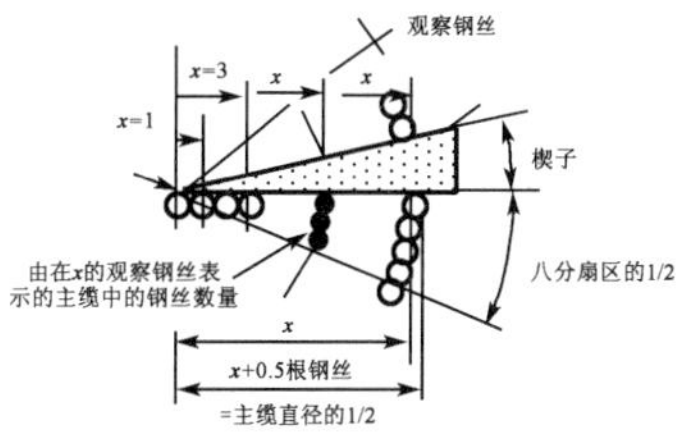

图 4.2.1.2 计算环数和每个环中的钢丝数量

注 4.2.1.2：大部分情况是楔开线环绕主缆等间距楔开。每个扇区都是主缆的一个饼状部分，包含了一条楔开线，一直延伸至任意一边的下一条楔开线的中部（图 4.2.1）。本指南中的样本电子表格假定 8 条楔开线形成 8 个扇区，但是这只是为了方便，并不是每次检查都会采用这种方法。如果楔开线并不是等间距楔开，每个扇区都会从一侧的楔子间的一条线中部延伸至另一侧楔子间的一条线的中部。在这种情况下，假定每根观察钢丝表示扇区中一个环的一半钢丝，而不是楔子一侧的钢丝。假定在任意指定扇区中的两个半扇区的大小一致，但是并非所有扇区大小都一致。

4.2.2 每个腐蚀等级的主缆比例

每根观察钢丝都被指定一个腐蚀等级，这属于在楔开口中暴露钢丝的最高观察检查等级。每个腐蚀等级的主缆钢丝的总数 k 是通过把检查每个半扇区的同等级每根钢丝相加得出的。首先要确定从主缆中心到每根观察钢丝中心的距离。在式（4.2.1.2）中，该距离用 x 表示，或者由从主缆中心统计的环数表示。

确定了 x 的值之后，环中的钢丝数量 n_x 乘以环（该环由包含观察钢丝的半扇区表示）的比例。因为检查一条主缆需 4 条楔开线（1/4 圆），该比例是 1/8（1/4 圆的一半）；当楔入线为 8（1/8 圆）时，该比例为 1/16。对于其他划分，或者因为有另外的楔子被敲入主缆的下半部分，出现一些不均等的划分，每次检查钢丝都应该使用适当的比例。

假设在特定的腐蚀等级 k 中观察到 J_k 根钢丝，每根观察到的钢丝编号为 j_k，即从 1 到 J_k。另外，位于主缆内部特定深度 d_{jk}，表示从表层钢丝开始即从 1 号钢丝开始的钢丝数量。环中包含钢丝 j_k 的钢丝数量由以下公式得出：

$$n_{jk} = \frac{2x_{jk}(N-1)}{X(X-1)} \tag{4.2.2-1}$$

$$x_{jk} = X + 1 - d_{jk} \tag{4.2.2-2}$$

式中：x_{jk}——从主缆中心到观察钢丝 j_k 中心的环数；

n_{jk}——包含观察钢丝 j_k 的环中的钢丝数量；

X——主缆中不包含中心钢丝的钢丝环的数量；

N——主缆中钢丝的实际数量；

d_{jk}——从表层钢丝（主缆的）的中心到观察钢丝 j_k 的距离，钢丝中表层钢丝为 $d_{jk}=1$；

k——钢丝的腐蚀等级（$k=1,2,3,4$）；

j_k——在等级 k 观察到的一根钢丝的识别编号（$j_k = 1 \sim J_k$）。

观察钢丝 j_k 表示的主缆中的钢丝数量为：

$$N_{jk} = n_{jk} \cdot a_{jk} \tag{4.2.2-3}$$

式中：N_{jk}——由观察钢丝 j_k 表示的主缆中钢丝的数量；

a_{jk}——包含观测钢丝 j_k 的半扇区的宽度对应的环的比例；当所有的半扇区大小一致时，a_{jk} 是一个常数。

那么主缆中等级 k 的钢丝总数为：

$$N_{sk} = \sum_{j_k=1}^{J_k} N_{j_k} = \sum_{j_k=1}^{J_k} n_{jk} \cdot a_{jk} \tag{4.2.2-4}$$

式中：J_k——观察钢丝等级 k 的总数；

N_{sk}——主缆中等级 k 的钢丝数量。

所有 N_{sk} 的值的总和必须等于主缆中钢丝的总数。每个腐蚀等级中主缆钢丝扇区是由以下公式得出：

$$p_{sk} = \frac{N_{sk}}{N} \tag{4.2.2-5}$$

式中：p_{sk}——等级 k 表示的主缆钢丝的比例；

N——主缆中钢丝的总数。

注4.2.2:使用电子表格计算每个腐蚀等级的主缆钢丝比例是最便捷的方法。建立一个电子表格计算每个腐蚀等级的钢丝数量,各个腐蚀等级的各个环中的钢丝数量的总和应该等于主缆的钢丝总数。报告腐蚀等级的电子表格见图4.2.2,在图4.2.2中,从主缆表层到中心的每个环中的钢丝为一行,每条检查用的楔开线占两列。环从外环编号为1开始排列,填在表格的第一列。阴影部分填写腐蚀等级的检查节段,数字为整数。右边的纵列通过电子表格的计算公式自动生成。

主缆中心钢丝,$x=0$,$n_0=1$,n_0不是由式(4.2.1.2)计算得出的,因为该钢丝并不代表一个环的钢丝,钢丝d_{jk}的值为$X+1$。表格中第二列是每个环中的钢丝数量。每个扇区楔开口一侧的每个环的钢丝腐蚀等级填在表格的适当列中。对于每根观测钢丝,需把节段中的任意位置出现的最差腐蚀等级填在表格中。

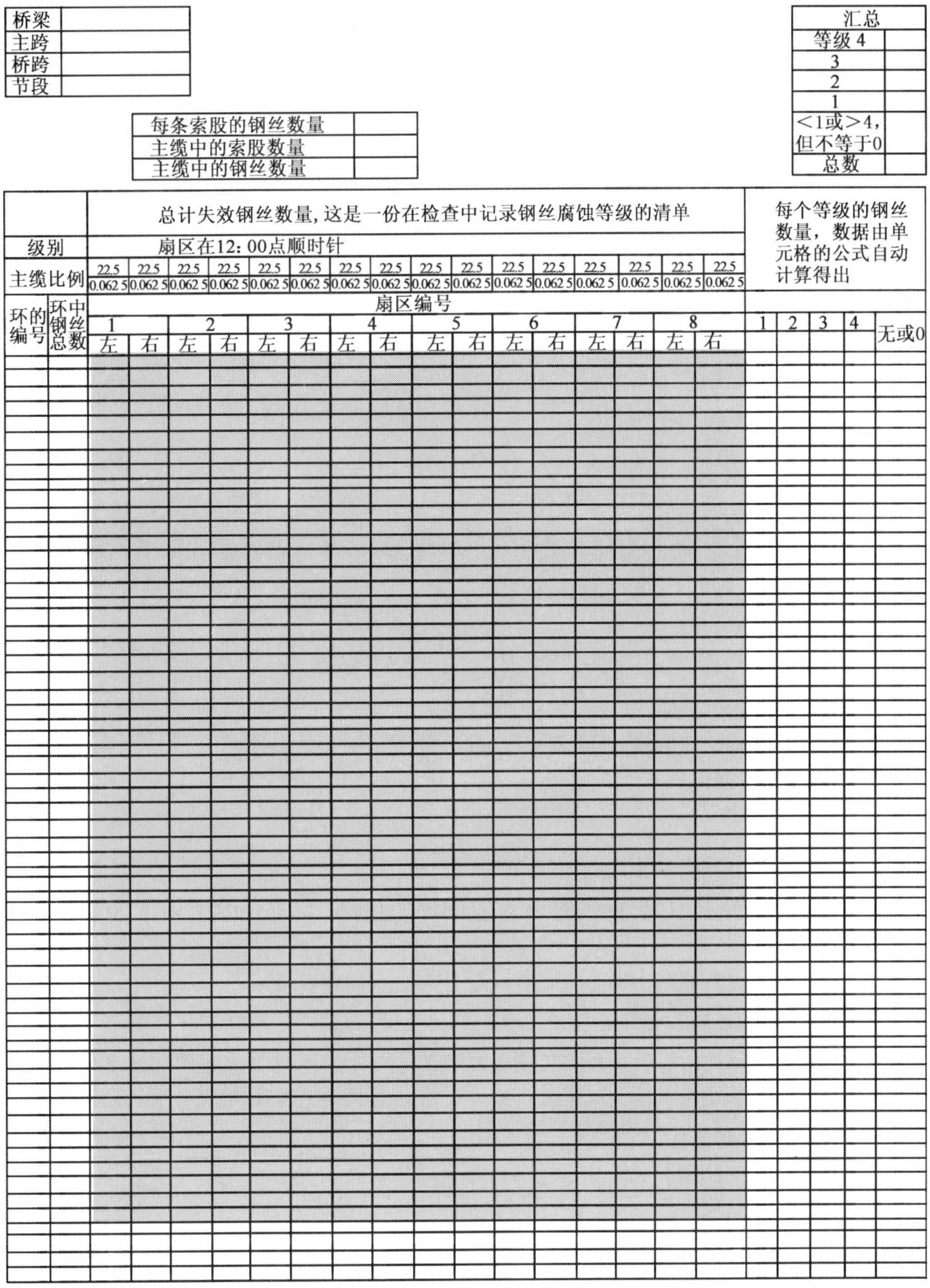

图4.2.2 报告腐蚀等级的电子表格

4.2.3 断丝的数量

如何估算节段中断丝的数量取决于其所处的位置。在最表面的几个层面以下发现断丝时，假设主缆中给定深度的每一根断丝代表与半扇区（八分扇区或者四分扇区等）的主缆中心相同半径距离内的所有钢丝。在图4.2中，由所有在深度 d_L 和深度 d_R 观察到的断丝所表示的钢丝在可靠区域中标出。这种钢丝的计数方法可见4.2.3.1。当只在外部表面和主缆的一些层面发现有断丝时，这些钢丝应该使用4.2.3.2的方法计算。当主缆的表面和内部都发现有断丝时，建议综合使用两种计算方法。调查人员应该决定什么条件使用什么方法，见4.2.3.3。

4.2.3.1 主缆内部的断丝

计算断丝数量的方法与4.2.2中提到的鉴定腐蚀等级的一个方法是一样的。内部断裂钢丝分成两个组别，分别是在楔开口表面的断丝和表层（断丝尾端凸起）下方的断丝。分开计算每个扇区 m 的断丝。计算方程式为：

$$n_{bm} = \sum_{j=1}^{J_{bm}} 0.5 \cdot n_j \cdot a_j \tag{4.2.3.1-1}$$

式中：n_{bm}——扇区 m 中断丝数量的未修正估计值；

j——在扇区 m 观察到的断丝的确定数量；

m——扇区编号；

J_{bm}——在扇区 m 观察到的钢丝的总数量；

n_j——环中钢丝的数量，包括断丝 j；

a_j——包含断丝 j 与扇区 m 宽度对应的环的比例。

由表面观察的断丝数量、权重因子USF（表层系数）来计算断丝数量。每个扇区的数量都要计算，以免出现取样的钢丝数量多于楔开口的钢丝数量，特别是暴露层面下方的凸起断裂钢丝的数量。

$$\mathrm{USF}_m = \frac{B_{sm}}{B_{sm} + B_{um}} \geqslant 0.5 \tag{4.2.3.1-2}$$

式中：USF_m——调节扇区 m 中观察层面的断丝数量的表层系数；

B_{sm}——楔开口扇区 m 观察表层的断丝的数量；

B_{um}——扇区 m 中楔开口表层下方观察的断丝数量。

在一个节段估算的断丝总数量：

$$n_{bi} = \sum_{m=1}^{M} \mathrm{USF}_m \cdot n_{bm} \tag{4.2.3.1-3}$$

式中：n_{bi}——主缆节段 i 中估算的断丝总数量；

i——节段编号；

M——扇区的总数量（4是四分扇区，8是八分扇区，以此类推）。

注4.2.3.1：运用电子表格是为了方便估算节段中断丝的数量，如图4.2.3.1所示。阴影部分填写的是在楔开口不同深度两侧的断丝数量，最后一栏的数字是由电子表格计算公式自动计算得出的。该表格应该包含从表层到主缆中心每一环的钢丝序列，以及两栏检查扇区。楔开口表面观察到的断丝数量为其中一栏。如果一根钢丝在同样深度的楔开口两侧都发现受损的话，数字“2”应该填写在适当的环中。如果只观察到一侧受损，则应该填写数字“1”。表层正下方的层面观察到的断丝也应该以同样的方式填写在对应栏中。

当表层（下标“S”）的断丝和表层下方（下标“U”）的断丝出现在同一楔开口时，必须考虑到观察到的钢丝超过了一层。如果“S”和“U”的钢丝数量相等，则有两层钢丝被观察到。观察表层钢丝总是比观察表层下方的钢丝更可靠一些。运用于每个扇区估算断丝总数的USF值总是大于或等于0.5，如果只观察到S钢丝，则USF=1.0，如果只观察到U钢丝，则USF=0.50（即观察到两层钢丝，每层数量与主缆中心相同半径的钢丝数量的一半相等）。如果观察到的U钢丝比S钢丝多，那么层数仍然是2。USF保持为0.50，因为楔开口的表层实际上是可以看得见的，并且在记录凸起断丝时，只能假设下层的钢丝也可见。

桥梁	
主跨	
桥跨	
节段	

每条索股的钢丝数量	
主缆中的钢丝数量	
主缆中的总数数量	

断丝	
断裂	

总计断丝数量，这是一份在检查中记录断丝的表格																		数据由单元格的公式自动生成
扇区1 在12：00点顺时针																		
等级		45.0		45.0		45.0		45.0		45.0		45.0		45.0		45.0		
主缆比例		0.125 0		0.125 0		0.125 0		0.125 0		0.125 0		0.125 0		0.125 0		0.125 0		
环的编号	环中钢丝数量	扇区编号																
		1		2		3		4		5		6		7		8		
		S	U	S	U	S	U	S	U	S	U	S	U	S	U	S	U	
总数																		
B_s，B_u USF=B_s/(B_s+B_u) n_j n_j=USF$_j$																		总数 断丝数量

图 4.2.3.1　报告断丝数量的电子表格

4.2.3.2　表层的断丝

如果只在主缆表面附近发现断丝，则深度 d_0（此处不再发现断丝）就能够通过观察楔开口来确定。调查人员使用额外的楔子来确定没有断丝的深度。楔子应该在断丝表层附近楔入，并且其插入深度比4级钢丝时的深度至少要深 2in(50.8mm)。

深度 d_0 用钢丝数量表示，从主缆表层开始，表层钢丝的编号为 1。保守地假定在深度 d_0 每个环中的断丝数量从表面开始线性减少至 0。用 1 环中的主缆表层的断丝数量乘以 $d_0/2$ 来计算断丝总数。

$$n_{bi} = n_{b1,i} \cdot \frac{d_0}{2} \tag{4.2.3.2}$$

式中：d_0——没有出现断丝的主缆深度；

$n_{b1,i}$——节段 i 中主缆外环的断丝数量。

注 4.2.3.2：在一些主缆中，只在主缆外层或者其附近才发现断丝。若只是计算了楔口发现的断丝数量，会使假定的断丝数量扭曲失真。当仅在外层观察到断丝时，$d_0=2$，因为在第二层没有发现断丝，使用式(4.2.3.2)计算的断丝数量等于 $n_{b1,i}$。

4.2.3.3 内部与表层的断丝

无论何时在表层或者主缆内部发现断丝，调查人员都应该鉴定能否在表面一层或者两层观察到断丝，然后利用 4.2.3.1 的方法估算这些表层之外的其他内部断丝的数量。断丝的总数 n_{bi}，是在外部一层或者两层观察到的断丝数量和估算的内部断丝数量之和。为了更准确估算主缆内部断丝的数量，应该在推荐使用的楔子中间向主缆中心插入其他楔子。

注 4.2.3.3：当整个节段的主缆解除缠丝时，可以准确知道索夹间的外环中断丝的数量。如果一根外层钢丝是在索夹内断裂，则其暴露出的长度通常会松动。通常能够撬开外层钢丝来检查第二层的断丝。

4.3 钢丝性能

4.3.1 概况

单根主缆钢丝的性能可能相对于主缆其他钢丝的性能发生变化，有可能随着长度而改变。调查人员应该获取一个节段长度中每一根钢丝的最小性能值，以及主缆中所有钢丝的性能变化量。

作为这个程序的第一步，样本钢丝的试验室试验数据分为以下几组：

第一组样本，显示 1 级腐蚀，如果需要，由调查人员确定；

第二组样本，显示 1 级或者 2 级腐蚀；

第三组样本，显示 3 级腐蚀，没有出现裂纹；

第四组样本，显示 4 级腐蚀，没有出现裂纹；

第五组样本，显示 3 级腐蚀或者 4 级腐蚀，包含一处或多处裂纹。

注 4.3.1：一般情况下，1 级和 2 级钢丝的性能是相似的或者差异很小，因此可以考虑把它们归为一组，成为第二组。调查人员应该在两个等级中找出明显的差异，然后分别分为第一组和第二组。没有裂纹但是出现任意深度点蚀的钢丝分为 3 级和 4 级钢丝。预计只有极少数 3 级钢丝包含裂纹，因此，关于任何 3 级裂纹样本钢丝的强度和延伸率的统计数据都不应该用于估算主缆强度。裂纹通常出现在即将接近 4 级钢丝的 3 级钢丝中，因此，3 级和 4 级裂纹钢丝的数据应该合为单独的一组，该组为第五组。当 25% 或者是 8 根 3 级样本钢丝出现裂纹时，调查人员需要决定是否采用额外的组别。如果采用，所有裂纹钢丝应该归为一组，那么两个等级的裂纹钢丝的性能分布就应该组合起来，见第 5 章 5.2.3.1.1。

4.3.2 断裂钢丝作为特殊组

如果从既有裂纹的钢丝样本中剪切任意试样，那么样本钢丝就有裂纹。每一个腐蚀等级的裂纹钢丝的比例为：

$$p_{c,k} = \frac{k\text{ 级裂纹样本钢丝的数量}}{k\text{ 级样本钢丝总数}} \tag{4.3.2-1}$$

式中：$p_{c,k}$——k 级裂纹钢丝的比例。

对于3级钢丝：

$$p_{c,3} = \frac{0.33 \times 3\text{ 级裂纹样本钢丝的数量}}{3\text{ 级样本钢丝的总数}} \qquad (4.3.2\text{-}2)$$

式中：$p_{c,3}$——有裂纹的3级钢丝的比例。

注4.3.2：关于试样钢丝的裂纹检查详述见第3章3.2.5。如果在3级样本钢丝中发现裂纹，通常是在最外层，靠近4级钢丝处。由于位于主缆内部较深处的3级钢丝很少出现裂纹，所以应用调整系数0.33，如果有裂纹，则系数应相对应递增。

4.3.3 单根钢丝

4.3.3.1 性能平均值

样本的平均值和样本的拉伸强度标准偏差；从每个样本剪切的试样的极限伸长率，由下列因素决定：

$$\mu_{sj} = \frac{1}{n_j} \cdot \sum_{i=1}^{n_j} x_{ij} \qquad (4.3.3.1\text{-}1)$$

$$\sigma_{sj}^2 = \left[\frac{1}{(n_j - 1)} \cdot \sum_{i=1}^{n_j} x_{ij}^2\right]\mu_{sj}^2 \qquad (4.3.3.1\text{-}2)$$

式中：μ_{sj}——样本 j 的 x 性能的平均值；

σ_{sj}——样本 j 的 x 性能的标准偏差；

x——一根钢丝的性能（即拉伸强度或者极限应变）；

x_{ij}——从样本 j 中剪切的试样 i 的性能；

n_j——样本 j 中检查试样的数量；

i——试样的数量。

注4.3.3.1：符号 μ 和 σ 分别指的是主缆钢丝全部钢丝整体性能的平均值和标准偏差。主缆强度模型中使用的平均值和标准偏差是由试验室试验的主缆钢丝中得出的样本平均值和标准偏差决定的，这些钢丝在检查过程中截取。这些样本的平均值和标准偏差都分别标记为 μ_s 和 σ_s。

4.3.3.2 一个节段中钢丝的最小性能

评估估算索夹间钢丝的最弱点是有必要的。用下列方程式估算与索夹间距等长度 L 内每个样本中可能的最小拉伸强度：

$$x_{1,j} = \mu_{sj} + \phi^{-1}\left(\frac{L_0}{L}\right) \cdot \sigma_{sj} \qquad (4.3.3.2)$$

式中：$x_{1,j}$——截取样本 j 中长度为 L 的钢丝中，x_j 的可能最小值；

$\phi^{-1}(L_0/L)$——概率 L_0/L 的逆标准正态分布；

L_0——试验机卡口之间试验试样的长度；

L——索夹中心一根钢丝的长度。

$\phi^{-1}(L_0/L)$ 的值在图4.3.3.2中给出。如果性能最小值为负数，那么最小值定为0。

注4.3.3.2：钢丝会在给定节段中最弱的点失效。因此，需要估算一个节段长度中一根钢丝的最小强度和极限应变来估算总的主缆强度。估算一系列 n 个连接环节中最薄弱环节的钢丝强度的方法也用于求解这个最小值。在拉伸试验中，用于确定性能的试样应该测量试验机卡口之间的12in(0.304 8m)长度。一个试样的性能定义为该段长度的最小值，标记为 L_0。钢丝总长 L 中任意12in(0.304 8m)长的钢丝最弱强度（或最小极限应变）的概率是 $1/n$，n 是长度 L 中这一长度钢丝的数量，或者 $n = L/L_0$。钢丝的性能根据分布函数的变化而改变，常用的函数是正态分布。

使用标准正态分布代替正态分布是有益的。如果应用变量 z 作为标准偏差的数量的术语，则平均值就为零。函数 $\phi(z)$ 给出了一个事件的概率；因此，反函数 ϕ^{-1} 能够为一个给定的概率给出标准偏差的数值。该函数能够用

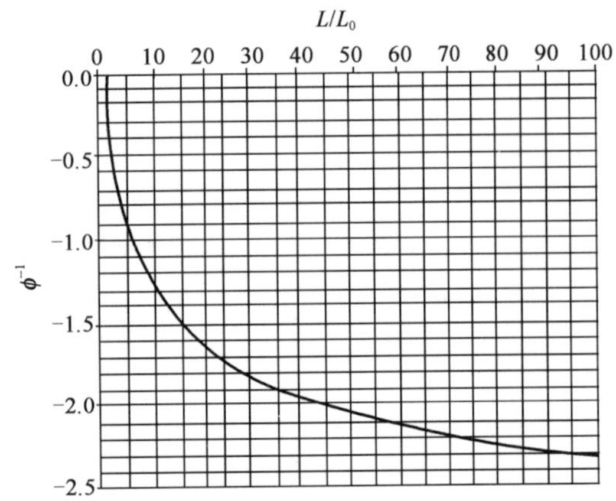

图 4.3.3.2　逆标准正态分布

一条单独的曲线来描述，见图 4.3.3.2，这个函数为 $L/L_0 = n$。在式(4.3.3.2)中，ϕ^{-1}决定了拉伸强度的最小值。标准偏差的近似数量是从拉伸强度的平均值中扣减得到的。在方程式中的加号是正确的，因为 ϕ^{-1}是一个负数值。逆标准正态分布已经包括在一些电子表格程序里面。

在一些极端例子中，特别是极限应变，当变化系数 V 的值很大时，正态分布可以预测一个性能最小值的负数值。在这样的情况下，零足以代表性能的最小值。

4.3.4　每一组钢丝的平均值和标准偏差

每一组样本，都要运用以下方程式计算出样本的平均值和标准偏差的最小估算性能值：

$$\mu_{sk} = \frac{1}{n_k} \cdot \sum_{j=1}^{n_k} x_{1,j} \tag{4.3.4-1}$$

$$\sigma_{sk}^2 = \left[\frac{1}{(n_k - 1)} \cdot \sum_{j=1}^{n_k} x_{1,j}^2\right] - \mu_{sk}^2 \tag{4.3.4-2}$$

式中：μ_{sk}——k 组中钢丝的 x 性能的样本平均值；

σ_{sk}——k 组中钢丝的 x 性能的样本标准偏差；

n_k——k 组的样本数量；

j——一个样本的编号；

k——一组钢丝的腐蚀等级($k=2,3,4,5$)；

$x_{1,j}$——截取的样本 j 中长度为 L 的钢丝中，x_j 的可能最小值；

x——一根钢丝的性能(即拉伸强度或者极限应变)。

注 4.3.4：计算样本的标准偏差时，常规测量时样本的数量 n 通常要减去 1，特别是对于一些数量较少的样本而言。随着样本数量的增加，标准偏差的增加幅度会减小。n 的这种减小应用在本指南中出现过两次，第一次是关于单个样本，另一次是在计算小组样本的标准偏差。

4.4　钢 丝 修 复

断丝在整个主缆长度并不是都没有作用力，离断裂处越远，由索夹处的摩擦力形成的修复钢丝的作用力就越强。

在一个索夹得到扩展的钢丝作用力是通过断丝两端或者为截取样本而第一次剪切的钢丝末端的实测间隙来估算。用于估算恢复能力的钢丝失效分离应该是从评估节段附近的区域截取。调查人员应该在研究中尽可能多地截取失效的钢丝分别进行测量，具体内容参考第 2 章 2.4.3.4。

注 4.4：缠丝可以减少断丝的滑动。这种作用可以忽略不计，因为当主缆解除缠丝时，这种作用无法量化计算并且容易消失，虽然通过重新缠丝会重新恢复这种作用。当一个节段解除缠丝时，相邻节段中的缠丝仍然是有效的，并且恢复系数也允许存在这种作用功能。

在坡度较陡的索夹区取样研究钢丝失效尤其重要，此处索夹尺寸大，而且夹紧力是桥跨中心的索夹作用力的 2.5 ~ 3 倍。在这些位置能够获得增加主缆强度的 L_e 的较小数值。如果使用从主缆其他部位的较短索夹获取的数据，可能会低估修复能力。失效钢丝部分仅在观察性能期间预测索夹是否能恢复恒载和活载之和，但不能用于确定索夹在今后是否能扩展更大的能力(比如，如果索夹螺栓重新拧紧)。

4.4.1　索夹处的钢丝作用力

截取样本钢丝或者出现断丝之后，应确定该节段的有效扩展长度。在出现断丝的节段的每一侧，钢

丝中的作用力较无断裂钢丝中的荷载应力工作张力要小(图4.4.1),这些节段的数量为:

$$N_T = (d_w/d_e) - 1 \quad (\text{四舍五入取整数}) \tag{4.4.1-1}$$

$$d_e = \frac{TL}{a_w E} \tag{4.4.1-2}$$

式中:a_w——一根钢丝的标称面积,用于试验室分析;

d_e——作用力 T 在长度 L 中产生的弹性变形;

d_w——断裂钢丝的端之间或者是在一个节段或者在等长索夹的节段组剪切的钢丝端之间测量的间隙平均值;

E——钢丝的杨氏弹性模数;

L——索夹中心的一根钢丝长度;

N_T——应力小于 T 的断裂钢丝一侧的节段数量;

T——运营荷载下的钢丝张力。

注4.4.1:当主缆内部的钢丝断裂或者被剪切,该钢丝的端口会形成一段短距离。如果钢丝完好地紧夹在相邻的索夹上,并且不会相对滑动,那么这些间隙能够完全等同于主缆载重作用下的索夹间钢丝的弹性伸长。

这是常规情况,此时,式(4.4.1-1)中 $N_T=0$,一个索夹至少能够修复钢丝的工作张应力,保守地假设只有工作应力而没有其他力。如果式(4.4.1-1)的结果是一个整数,包括0,就不需要四舍五入。

如果间隙大于 d_e,那么需要确定一个主缆索夹能够扩展的钢丝的工作应力的比例。假设这种现象是对称的,那么所有节段中的钢丝应力都是一样的,并且钢丝断裂处附近的所有索夹中钢丝修复的作用力也是一致的。最陡坡度位置的索夹会比较长,有更多螺栓,并且使钢丝夹得更紧。计算有效扩展长度的位置数量/数值会因为同等长度索夹的节段分组而减少。此时,d_w 是由同组中所有节段中钢丝端实测间隙的平均值决定。

4.4.2 有效扩展长度及恢复系数

如图4.4.2所示,有效扩展长度用主缆节段的数量表示,通常为奇数,是修复钢丝的节段数量的2倍加上评估节段,或者是需要修复钢丝的索夹的数量的2倍减去1,又或者是:

$$L_e = 2N_B - 1 \tag{4.4.2-1}$$

$$N_B = \frac{0.95 \cdot \mu_{s2} a_w}{T} \cdot \frac{N_T \cdot (N_T + 1)}{2N_T + 1 - \dfrac{d_w}{d_e}} \quad (\text{结果四舍五入取整数}) \tag{4.4.2-2}$$

式中:L_e——有效扩展长度;

N_B——恢复钢丝性能需要的索夹数量;

μ_{s2}——两组钢丝的样本拉伸强度的平均值。

当 $d_w = d_e$ 时,

$$N_B = \frac{0.95 \cdot \mu_{s2} \cdot a_w}{T} \quad (\text{结果四舍五入取整数}) \tag{4.4.2-3}$$

恢复系数是通过钢丝穿过每个索夹产生的摩擦力达到两组钢丝的强度平均值95%的比值,假设在有效扩展长度的每个索夹(包括端部索夹),在钢丝中扩展的作用力是相等的。

$$C_d = \frac{1}{N_B} = \frac{2}{L_e - 1} \tag{4.4.2-4}$$

式中:C_d——恢复系数(在每个索夹的断丝中扩展的两组钢丝的拉伸强度平均值的95%的比例)。

则在每个索夹通过摩擦力扩展的钢丝作用力:

$$F = C_d \cdot 0.95 \cdot \mu_{s2} \cdot a_w \tag{4.4.2-5}$$

式中:F——在每个索夹扩展的钢丝作用力。

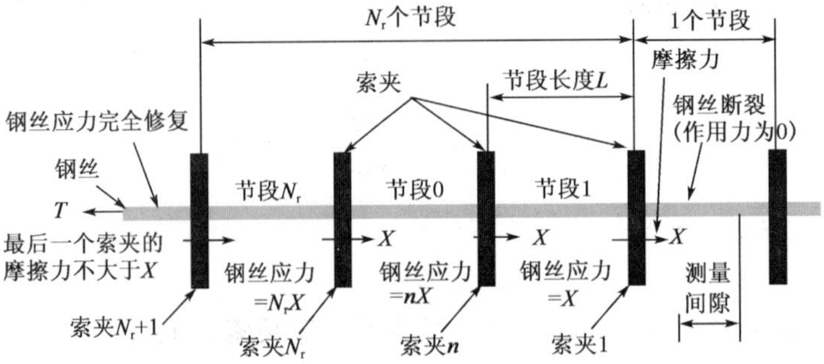

图4.4.1　通过索夹处的摩擦力恢复钢丝应力

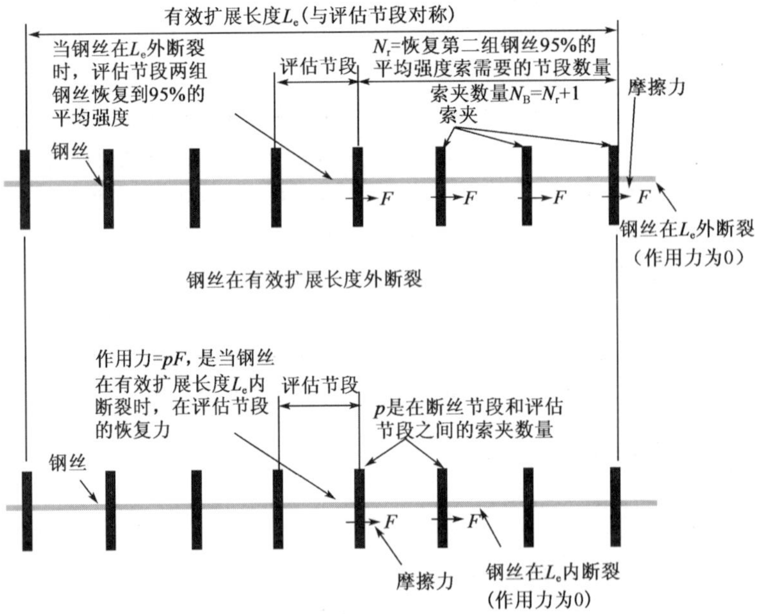

钢丝在有效扩展长度外断裂

钢丝在有效扩展长度内断裂

图4.4.2　有效扩展长度

注4.4.2:计算主缆强度需要用到效扩展长度 L_e 和恢复系数 C_d。在有效扩展长度之外,断丝对该长度中心的计算节段的强度没有影响。有效扩展长度是主缆达到原强度时的一个应力函数,运用一个可变的强度模型来计算。主缆功效是由主缆强度除以钢丝平均强度乘以主缆中的钢丝数量,在无损坏主缆中大约为95%。因此,为了增强整条主缆的强度,仅95%左右的钢丝平均强度需要在断裂的钢丝中修复。当 $d_w = d_e$ 时,式(4.4.2-2)包含了表达式 $N_T/N_T=0/0$,这是个不定式,可用式(4.4.2-3)代替。在相邻节段有断丝时,计算评估节段的钢丝作用力需要用到恢复系数。当在长索夹和短索夹之间超过两个节段时,L_e 值变化。在主缆强度计算时,调查员应确定作为依据的 C_d 和 L_e 值是否不同,如果该变量仅涉及两个节段,那么从剪切或者断裂的钢丝的所有实测间隙的平均值计算得出的 C_d 和 L_e 的值可能被用在整条主缆上。

5 评估主缆强度

5.1 简 介

本章介绍了评估主缆现有强度的方程式,包括复杂程度递增的三种强度模型,以及帮助简单模型计算的一个图表。本章还包含了对相同恶化程度的钢丝、有裂纹钢丝、断裂钢丝的分组资料。强度模型需应用钢丝分组。

沿着主缆在特定检查位置计算强度,该位置称为评估节段。在4.4.2中提到的有效扩展长度的概念,对于计算断裂钢丝和裂纹钢丝的数量以及计算其对主缆强度的影响有很重要的作用。

5.2 评估主缆强度

5.2.1 概况

在评估节段的主缆强度是以下三类钢丝强度的总和:

(1)评估节段的所有钢丝减去该节段或者相邻节段的断丝。

(2)钢丝在附近节段出现裂纹,影响其在评估节段的强度。

(3)钢丝在附近节段断裂,影响其在评估节段的强度。

评估这三种钢丝的方法在5.2.3和5.2.4中有描述。

5.2.2 钢丝分组

钢丝分组编号是2~5,与其所在的腐蚀等级有关。1级和2级钢丝一起组成第二组,因为它们的性能基本一致。3级和4级钢丝分别是第三组和第四组。所有不连续的裂纹钢丝从其对应的组中提取出来组成第五组。在有效扩展长度的不连续的裂纹钢丝的数量为N_5,断丝则需要区别对待。

5.2.2.1 在有效扩展长度中的断丝

有效扩展长度的断丝总数为:

$$N_b = \sum_{i=1}^{L_e} n_{bi} \quad (5.2.2.1\text{-}1)$$

式中:N_b——有效扩展长度的断丝数量;

n_{bi}——节段i中断丝的数量;

L_e——有效扩展长度的节段数量,见4.4.2;

i——节段的编号。

如果评估节段是唯一检查的节段,则假定有效扩展长度的所有节段是相同的,所有n_{bi}的值等于n_{b1},并且:

$$N_b = L_e \cdot n_{b1} \quad (5.2.2.1\text{-}2)$$

式中:n_{b1}——评估节段中断丝的数量。

注5.2.2.1:在其他节段(非评估节段)断裂的钢丝会影响评估节段的主缆强度。这类钢丝的作用力会随着钢

丝穿过一个或多个索夹而持续加强，直到完全恢复钢丝应力。作用力的增强取决于钢丝之间的摩擦力，这种摩擦力是由索夹夹紧以及主缆缠丝产生的。

5.2.2.2 有效扩展长度中的修复钢丝

有效扩展长度中修复的钢丝总数为：

$$N_r = \sum_{i=1}^{L_e} n_{ri} \tag{5.2.2.2-1}$$

式中：N_r——有效扩展长度中修复的断丝数量；

n_{ri}——节段 i 修复的断丝的数量。

如果节段 i 是唯一检查的节段，那么在该节段的断丝是唯一被修复的钢丝：

$$N_r = n_{r1} \tag{5.2.2.2-2}$$

式中：n_{r1}——在评估节段（$i=1$）中修复断丝的数量。

注 5.2.2.2：如果评估节段是唯一检查的节段，那么在有效扩展长度为节段编号排序就显得没有必要。如果检查相邻节段，并且 5.2.4 和附录 B 详细说明的方法用于评估主缆，那么这些节段应该根据附录 B 和章节 B.4.1 中的说明来编号。

5.2.2.3 每个腐蚀等级的未断裂钢丝

每个腐蚀等级的未断裂钢丝的数量是通过从评估节段的 4 级钢丝中减去有效扩展长度中的未修复的断丝的数量得出的，当没有剩余 4 级断丝时，则从该节段的 3 级钢丝中扣减得出：

当 $N_b - N_r \leqslant N_{s4}$ 时，

$$N_{04} = N_{s4} - N_b + N_r \tag{5.2.2.3-1}$$

$$N_{03} = N_{s3} \tag{5.2.2.3-2}$$

$$N_{02} = N_{s2} + N_{s1} \tag{5.2.2.3-3}$$

当 $N_b - N_r > N_{s4}$ 时，

$$N_{04} = 0 \tag{5.2.2.3-4}$$

$$N_{03} = N_{s3} + N_{s4} - N_b + N_r \tag{5.2.2.3-5}$$

$$N_{02} = N_{s2} + N_{s1} \tag{5.2.2.3-6}$$

式中：N_{0k}——评估节段中，未断裂的 k 级钢丝的数量；

N_{sk}——评估节段中，k 级钢丝数量（见 4.2.2）；

N_b——有效扩展长度的断裂钢丝的数量；

N_r——有效扩展长度修复的断裂钢丝的数量；

k——钢丝的腐蚀等级（$k=1,2,3,4$）。

5.2.2.4 裂纹钢丝

以下章节的公式仅应用于检查评估节段的情况，并且基于有效长度的所有节段与评估节段的情况一致的保守假设。

对于主缆的所有裂纹钢丝，这些计算方式仅用于不连续的裂纹钢丝。一根不连续的裂纹钢丝就是在节段 i 中有裂纹但是在其他比节段 i 更靠近评估节段的节段中没有裂纹的钢丝。计算时也需要假定索夹处由于摩擦力评估节段已经修复的不连续断丝的实际数量。

注 5.2.2.4：如果检查在有效扩展长度的所有节段，应该使用附录 B 中描述的方法。因为其复杂性以及通常数据不可用，该方法的运用受到限制。建议在严重恶化的节段中使用这种方法，在这种情况下，应打开额外的相邻节段来获取这些所需数据。

5.2.2.4.1 有效扩展长度中的不连续裂纹钢丝

有效扩展长度的不连续的钢丝数量应根据腐蚀等级计算。任意 k 级的不连续裂纹钢丝的数量由以下公式得出：

$$N_{c,k} = N_{0k} \cdot \sum_{i=1}^{L_e} p_{c,k} \cdot (1 - p_{c,k})^{i-1} \tag{5.2.2.4.1-1}$$

式中：$N_{c,k}$——评估节段中，有效扩展长度的 k 级不连续裂纹钢丝的总数量；

N_{0k}——评估节段中，k 级未断裂钢丝的数量；

$p_{c,k}$——k 级的裂纹钢丝的比例；

i——节段的编号；

L_e——有效扩展长度的节段的数量；

k——钢丝的腐蚀等级（$k=1,2,3,4$）。

综上所述，这种计算方法分别用于每个等级，通常，$p_{c,1}$ 和 $p_{c,2}$ 为 0，$p_{c,3}$ 也可能是 0。

$$\sum_{i=1}^{L_e} p_{c,k} \cdot (1 - p_{c,k})^{i-1} \tag{5.2.2.4.1-2}$$

式(5.2.2.4.1-1)中式(5.2.2.4.1-2)的值表示在有效扩展长度中每个等级的不连续的裂纹钢丝的比例。这一表达式的值作为每个等级的裂纹钢丝的比例的函数，该表达式被称为 $N_{c,k}/N_{0k}$，见图 5.2.2.4.1。

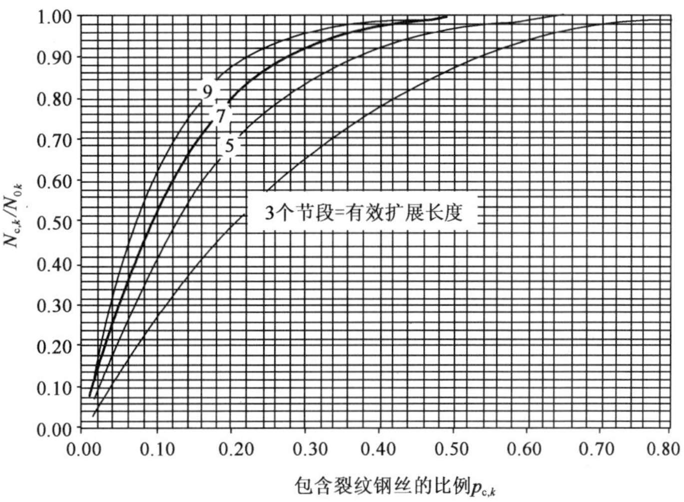

图 5.2.2.4.1 k 级离散裂纹钢丝的比例

5.2.2.4.2 修复失效的裂纹钢丝

假设随主缆应力增加而导致失效裂纹钢丝在评估节段可以部分修复其强度，假设所有的裂纹钢丝都断裂，每个等级钢丝(k)修复的钢丝为：

$$N_{cr,k} = N_{0k} \cdot \sum_{i=1}^{L_e} \cdot p_{c,k} \cdot (1 - p_{c,k})^{i-1} \cdot C_{di} \tag{5.2.2.4.2-1}$$

式中：$N_{cr,k}$——评估节段中可以修复的 k 级断裂钢丝的实际数量；

C_{di}——节段 i 的钢丝的恢复因素，$C_{di} = C_d \times$ 节段 i 和评估节段间索夹的数量。

修复的钢丝的实际总数为：

$$N_{cr} = N_{cr,2} + N_{cr,3} + N_{cr,4} \tag{5.2.2.4.2-2}$$

式中：N_{cr}——有效扩展长度修复的裂纹钢丝的实际数量。

其值为：

$$\sum_{i=1}^{L_e} p_{c,k} \cdot (1 - p_{c,k})^{i-1} \cdot C_{di} \tag{5.2.2.4.2-3}$$

式(5.2.2.4.2-3)表示在应力 s 时断裂，但已经修复的评估节段 k 级裂纹钢丝的实际比例。图 5.2.2.4.2 给出了如果这些钢丝断裂，在评估节段重新修复的裂纹钢丝的实际比例，应用在式(5.2.2.4.2-1)中，该表达式为 $N_{cr,k}/N_{0k}$。对每个等级 k 分别处理，然后再用式(5.2.2.4.2-2)把它们组合起来。

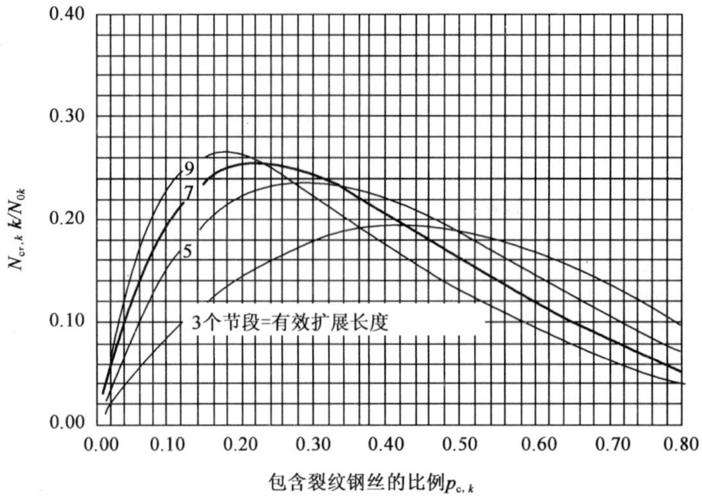

图 5.2.2.4.2 修复的 k 级裂纹钢丝的比例

5.2.2.5 未断裂钢丝的实际数量

主缆中未断裂钢丝的实际数量：

$$N_{\mathrm{eff}} = \sum_{k=2}^{5} N_k \tag{5.2.2.5-1}$$

$$N_k = N_{0k} - N_{\mathrm{c},k} \quad (k = 2,3,4) \tag{5.2.2.5-2}$$

并且

$$N_5 = \sum_{k=2}^{4} N_{\mathrm{c},k} \tag{5.2.2.5-3}$$

式中：N_{eff}——评估节段中未断裂钢丝的实际数量；

N_k——评估节段中 k 组钢丝的数量；

N_5——有效扩展长度中不连续的裂纹钢丝的数量；

N_{0k}——评估节段中 k 级未断裂钢丝的数量；

$N_{\mathrm{c},k}$——有效扩展长度中的不连续的裂纹钢丝（在评估节段为 k 级钢丝）的总数；

k——各组钢丝的腐蚀等级（$k=2,3,4,5$）。

5.2.2.6 每组钢丝的比例

为了计算主缆强度，把主缆中未断裂钢丝分成 4 组。每组有不同的主缆强度以及极限应变性能。N_k 用于计算 k 组钢丝中评估节段未断裂钢丝的比例 p_k：

$$p_k = \frac{N_k}{N_{\mathrm{eff}}} \tag{5.2.2.6}$$

式中：p_k——k 组中评估节段未断裂钢丝的比例；

N_k——评估节段中 k 组钢丝的数量；

N_{eff}——评估节段中未断裂钢丝的实际数量；

k——一组钢丝的腐蚀等级（$k=2,3,4,5$）。

注 5.2.2.6：每一组钢丝数量是难以目测计算的，见图 5.2.2.6。

5.2.3 未断裂钢丝的强度

使用三种模型中的一种来评估主缆中未断裂钢丝的强度。有限韧性模型是最严格的模型，其他模型都是这种模型使用简单假设的特例，这三种推荐使用的模型在附录 A 中有更详细的介绍。

钢丝类型	符号					总数	备注
	等级						
	k	1	2	3	4		
检查中每个等级的钢丝	N_{sk}	N_{s1}	N_{s2}	N_{s3}	N_{s4}	N	章节4.3.2
在有效扩展长度的断丝	N_b				N_b	N_b	式(5.2.2.1-1)或式(5.2.2.1-2)
在有效扩展长度的修复钢丝	N_r				N_r	N_r	式(5.2.2.2-1)或式(5.2.2.2-2)
每个等级的断丝数量	N_{0k}	N_{01}	N_{02}	N_{03}	N_{04}	N_{eff}	式(5.2.2.3-1)～式(5.2.2.3-6) ($N_{0k}=N_{sk}-N_b+N_r$)
在有效扩展长度的离散裂纹钢丝	$N_{c,k}$	$N_{c,1}$	$N_{c,2}$	$N_{c,3}$	$N_{c,4}$	N_5	式(5.2.2.4.1-1) 式(5.2.2.5-3)
	钢丝组						
	k	2	3	4	5		
每一组中的未断钢丝的实际数量	N_k	N_2	N_3	N_4	N_5	N_{eff}	式(5.2.2.5-1)～式(5.2.2.5-3) ($N_k=N_{0k}-N_{c,k}$) ($N_5=\Sigma N_{c,k}$)
每一组钢丝表示的主缆送的未断钢丝的比例	p_k	p_2	p_3	p_4	p_5	1.00	式(5.2.2.6) ($p_k=N_k/N_{eff}$)

图 5.2.2.6　总计每一组钢丝的数量

选择模型的根据是主缆中发现的钢丝恶化程度：

(1)对于没有 4 级或者裂纹钢丝的主缆使用简易模型。

(2)对于 3 级和 4 级裂纹钢丝总数高达钢丝总数的 10% 的主缆使用简易模型(由调查人员自行判断)时,主缆强度计算结果会比用脆性钢丝模型的结果小 10%。

(3)如果主缆全部钢丝中有超过 10% 的钢丝出现裂纹,应使用脆性钢丝模型。

(4)如果钢丝的拉伸强度(有时是因为不同的碳含量)表现出不寻常的变化,那么就用有限韧性模型,其应力—应变曲线也发生不寻常的变化。

注 5.2.3:有限韧性模型以及脆性钢丝模型是用于评估由承受相同应变的钢丝组成的主缆的强度。简化模型是基于脆性钢丝模型,减去所有裂化的和断裂的钢丝,用一条单独的分布曲线来表示剩余的未断裂无裂纹钢丝的拉伸强度。

在有限韧性模型中,主缆承受应力递增。在任何应力下的主缆作用力是在该应力下每一根单独的钢丝的作用力的总和。钢丝力的变化与单根钢丝的应力—应变曲线相关。

单根钢丝分担主缆应力,直至达到其极限应变断裂,不再承受任何力。主缆中总的作用力是按每根钢丝之前的作用力相对应减小。进一步提高应变,会导致主缆作用力再次增加,直到下一根钢丝断裂。这个过程一直持续到主缆作用力达到了一个最大值,之后单根钢丝断裂的速度比其作用力增强的速度要快,以致随着应变的增加主缆作用力却减小。此时,主缆作用力的最大值就是主缆的强度。

脆性钢丝模型是有限韧性模型的特例。与其原始的模式相比,假设其所有钢丝在任意给定应变承受同等的拉伸应力;因此,便于在计算中使用应力增加代替应变增加。每根钢丝都分担主缆的拉力,直到其应力超过其拉伸强度直至钢丝失效,不再参与主缆索力。对于更常规的模型,主缆作用力随着不断增加的应力而增加直到最大值,该值相当于主缆强度。

有限韧性模型要求确定每根钢丝样本的极限应变,并且绘制每根钢丝样本的应力—应变曲线,极限应变与钢丝的拉伸强度相对应(附录 A)。当没有面积缩减(比如裂纹)时,极限应变也是失效点的应变。

10in(0.254m)的标距长度的延伸率是根据美国试验材料协会标准 A370 来确定的,不能作为有限韧性模型的极限应变,因为它只在颈缩后才能测量,并且不包括应变的弹性成分。

脆性钢丝模型只要求知道每根试样样本钢丝的拉伸强度，该拉伸强度可以参照美国试验材料协会标准 A370 通过试验来获取。

如果调查人员需要钢丝的作用力与应变的图表，那么应该为每个模型制作一个主缆钢丝的平均应力应变图表。有限韧性模型则需要几张这样的图表，而脆性易碎钢丝只需一张表格。

5.2.3.1 简化强度模型

简化模型运用在只有极少数裂纹钢丝的主缆上，最大上限不应该超过钢丝总数量的 10%。脆性钢丝模型则用于裂纹钢丝数量超过这个上限的主缆。简化模型基于脆性模型，在计算中省略裂纹钢丝（第五组）和断丝的评估数量，并且主缆中的钢丝总数相对应减少。虽然强度可能低估了 20%，但是简化模型有助于在检查中定位恶化最严重的节段。那么比较复杂的模型可以运用在更现实的强度评估节段。

注 5.2.3.1：该模型将第二、第三和第四组钢丝的单一的韦伯分布运用在简化模型中，考虑钢丝各组的拉伸强度分布和每一组钢丝的相对比率。为了最大限度地减少模型需要的工作量，用一个系数来修订平均拉伸强度，再乘以实际面积。

5.2.3.1.1 无裂纹钢丝的平均拉伸强度

第二、第三和第四组代表的主缆比值，结合每一组的典型试样钢丝的最小拉伸强度的样本平均值，来确定整长未断裂、无裂纹的钢丝中拉伸强度的样本平均值以及标准偏差。运用以下公式：

$$\mu_s = \sum_{k=2}^{4} (p_{uk} \cdot \mu_{sk}) \tag{5.2.3.1.1-1}$$

$$\sigma_s = \sqrt{\left[\sum_{k=2}^{4} p_{uk} (\sigma_{sk}^2 + \mu_{sk}^2) \right] - \mu_s^2} \tag{5.2.3.1.1-2}$$

$$p_{uk} = \frac{N_k}{N_{eff} - N_5} \tag{5.2.3.1.1-3}$$

式中：μ_s——复合组钢丝（不包含裂纹钢丝）的拉伸强度的样本平均值；

μ_{sk}——k 组钢丝的拉伸强度的样本平均值；

σ_s——复合组的钢丝（不包含裂纹钢丝）的拉伸强度的样本标准偏差；

σ_{sk}——k 组钢丝的拉伸强度的样本平均偏差；

p_{uk}——k 组钢丝表示的主缆中未断裂和无裂纹钢丝的比例；

k——一组钢丝的腐蚀等级（$k=2,3,4$）；

N_{eff}——评估节段中未断裂钢丝的实际数量；

N_5——有效扩展长度中不连续裂纹钢丝的数量；

N_k——评估节段中 k 组钢丝的数量。

注 5.2.3.1.1：符号 μ 和 σ 指主缆中钢丝整长性能的平均值和标准偏差。主缆强度模型中使用的平均值和标准偏差是在检查中从主缆截取的一部分钢丝通过试验室试验确定的，称为样本平均值和样本标准偏差，记为 μ_s 和 σ_s。

5.2.3.1.2 应用简化模型计算主缆强度

主缆强度由以下方程式计算得出：

$$R = (N_{eff} - N_5) \cdot a_w \cdot \mu_s \cdot K \tag{5.2.3.1.2-1}$$

式中：K——折减系数（在图 5.2.3.1.2 中给出，作为变化系数 σ_s/μ_s 的一个函数）；

R——主缆强度评估值；

a_w——试验室试验中使用的单根钢丝的标称面积。

注 5.2.3.1.2：强度折减系数 K 是复合组的无裂纹钢丝的脆性钢丝强度除以无裂纹钢丝复合组的平均拉伸强度与无裂纹钢丝的总面积的乘积。K 的误差在附录 A 中给出。

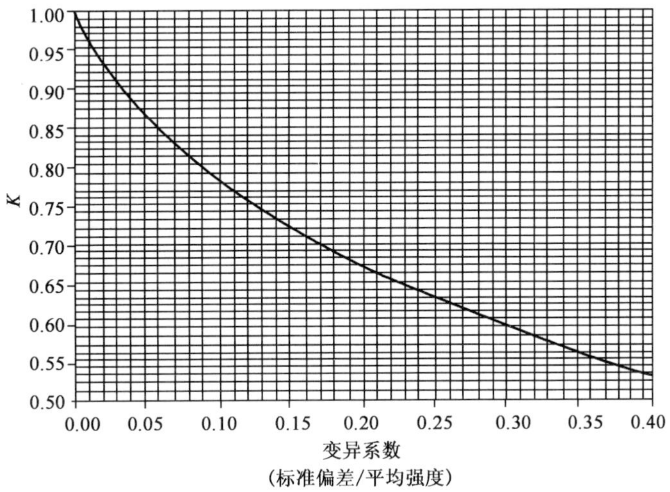

图 5.2.3.1.2　强度折减系数 K

5.2.3.2　脆性钢丝模型

每个试样的拉伸强度用于确定每个钢丝样本的最小拉伸强度。其最小值用于确定每组钢丝的样本平均值和标准偏差,它们组合后一起构成复合拉伸强度分布曲线。当需要主缆作用力与应变图表时,试验室试验决定了每根样本钢丝中至少有一段试样钢丝的应力应变曲线达到极限应变。这些曲线用于构建整长主缆的平均应力应变曲线。

注 5.2.3.2:一般推荐使用脆性钢丝模型确定主缆强度。未断裂钢丝整体拉伸强度分布是一条复合分布曲线,根据各组钢丝的分布及其相对比率建立。分析中要用到韦伯分布,拉伸强度的下限 s_0 假设为 0(钢丝的拉伸强度不可能是负数)。

5.2.3.2.1　复合拉伸强度分布曲线

根据每一组钢丝的主缆比例(在 5.2.2.6 中计算)和每一组试样钢丝的拉伸强度的韦伯分布曲线来确定整体未断裂钢丝的复合分布曲线。用于计算的方程式为:

$$F_C(s) = \sum_{k=2}^{5} p_k \cdot F_{3k}(s) \qquad (5.2.3.2.1)$$

式中:$F_C(s)$——拉伸强度的复合累积分布;

s——主缆中未断裂钢丝的应力;

p_k——k 组评估节段中未断裂钢丝的比例;

k——一组钢丝的腐蚀等级($k=2,3,4,5$);

$F_{3k}(s)$——k 组钢丝的拉伸强度的韦伯分布。

注 5.2.3.2.1:韦伯分布是第 3 类极值分布函数。该函数从一个最小值 x_0 延伸到无限大。该累积分布函数指的是本指南中的 $F_3(x)$。这个函数的公式也是确定函数参数的一种方法,在附录 A 中有描述。该符号 x 是分布的变量,由 s 代替表示拉伸强度,由 e 代替表示极限应变。

5.2.3.2.2　应力 s 的主缆作用力

任意主缆应力 s 值的未断裂钢丝的总作用力,由以下方程式计算得出:

$$T_u(s) = N_{eff} \cdot a_w \cdot \{s \cdot [1 - F_C(s)]\} \qquad (5.2.3.2.2)$$

式中:$T_u(s)$——应力 s 的评估节段中未断裂钢丝的作用力;

N_{eff}——评估节段中未断裂钢丝的实际数量;

a_w——试验室分析使用的一根钢丝的标称面积。

在式(5.2.3.2.2)中,假设拉伸强度小于 s 的钢丝作用力为零,用数学上的存活函数$[1 - F_C(s)]$可以证明这一假设。

5.2.3.2.3　相邻节段断裂的裂纹钢丝的作用力

在主缆应力 s 的评估节段的钢丝(包括在有效扩展长度内的其他节段的裂纹钢丝和拉伸强度小于该应力的钢丝)的总作用力由以下方程式计算得出:

$$T_{cr}(s) = N_{cr} \cdot a_w \cdot (0.95\mu_{s2}) \cdot F_{35}(s) \tag{5.2.3.2.3}$$

式中:$T_{cr}(s)$——应力为 s 时,能够在评估节段中修复的断裂的裂纹钢丝的最大作用力。

$F_{35}(s)$——应力 s 断裂的裂纹钢丝的比例,其值 = 应力为 s 的第五组(裂纹的)钢丝的拉伸强度的韦伯分布;

N_{cr}——有效扩展长度修复的裂纹钢丝的实际数量;

μ_{s2}——第二组钢丝的拉伸强度的样本平均值。

5.2.3.2.4　主缆中未断裂钢丝的强度

主缆中未断裂钢丝的强度由以下公式得出:

$$R_u = \max[T_u(s) + T_{cr}(s)] \tag{5.2.3.2.4}$$

式中:R_u——未断裂钢丝产生的主缆强度;

max——取括号内表达式的最大值。

注 5.2.3.2.4:通过计算在小增量(2ksi,2 千磅/平方英寸,即 13.79MPa)范围内几个 s 值的表达式的值,取最大值来确定 $R_u = \max[T_u(s) + T_{cr}(s)]$。整个计算过程最好在计算机表格(包含韦伯分布函数)中操作。或者,能够估算该表达式得出 s 的一个单独值,迭代程序也能够用于确定使表达式产生最大值的 s。只有当第一种方法为作图提供数据时,才需要用到主缆作用力与应变图表。

5.2.3.3　有限韧性模型

有限韧性模型要求每个试验试样的极限应变都应基于试验室结果,应力—应变曲线需达到每个试验试样的极限应变。这些数据用于确定极限应变的最小值以及每个样本钢丝的应力—应变曲线。当样本钢丝的应力—应变曲线基本一致时,为所有样本创立一个平均值曲线,检查主缆强度的方法接下来讨论。当样本钢丝的单独应力—应变曲线彼此不同时,必须使用附录 A 给出的有限韧性模型的通用公式。

注 5.2.3.3:在有限韧性模型中,钢丝的极限应变作为分布函数中的变量。在以下章节描述的这个模型的一般形式中,整长未断裂钢丝的极限应变分布是一条复合分布曲线,由各组钢丝分布曲线组成。未断裂钢丝的总体的极限应变分布是一个从单独的钢丝组的分布中建立的复合分布曲线,包含了每组的相对规模。在分析中用到了韦伯分布,极限应变的下限 e_0 假设为 0(钢丝的极限应变不可能是负数)。

5.2.3.3.1　复合极限应变分布曲线

将每组钢丝的主缆比例(按 5.2.2.6 计算)以及每组试样的极限应变的韦伯分布曲线组合后,确定未断裂钢丝整长的复合分布曲线。用于计算的公式为:

$$F_C(e) = \sum_{k=2}^{5} p_k \cdot F_{3k}(e) \tag{5.2.3.3.1}$$

式中:$F_C(e)$——极限应变的复合累积分布;

e——主缆中未断裂钢丝的应变;

p_k——k 组评估节段中未断裂钢丝的比例;

k——一组钢丝的腐蚀等级($k = 2,3,4,5$);

$F_{3k}(e)$——k 组钢丝的极限应变的韦伯累积分布。

注 5.2.3.3.1:复合分布曲线是几条独立的韦伯分布曲线的汇总,但它本身不是韦伯分布。当这种分布没有明确的方程式时,可以使用式(5.2.3.3.1)来描述。只有当所有组的钢丝有相同的应力—应变曲线时,才会使用复合分布曲线,未断裂钢丝中的主缆作用力是通过方程式(5.2.3.3.2)计算得出的。

5.2.3.3.2 在应变 e 的未断裂钢丝的作用力

如果显示所有组的钢丝的平均应力—应变曲线是相同的，那么以下方程式用于在应变 e 估算主缆中未断裂钢丝的作用力：

$$T_u(e) = N_{eff} \cdot a_w \cdot \{s(e) \cdot [1 - F_C(e)]\} \tag{5.2.3.3.2}$$

式中：$s(e)$——在应变为 e 时，所有钢丝由平均应力—应变曲线确定的应力；

$T_u(e)$——在应变为 e 时，评估节段中未断裂钢丝的作用力；

N_{eff}——评估节段的未断裂钢丝的实际数量；

a_w——用于试验室分析的一根钢丝的标称面积。

5.2.3.3.3 断点在相邻节段中的裂纹钢丝的作用力

在主缆应变 e 的评估节段中，钢丝（包括在有效扩展长度间其他节段断裂的钢丝和极限应变比 e 小的钢丝）的总作用力由下列方程式给出：

$$T_{cr}(e) = N_{cr} \cdot a_w \cdot (0.95\mu_{s2}) \cdot F_{35}(e) \tag{5.2.3.3.3}$$

式中：$T_{cr}(e)$——应变 e 的评估节段中可以修复的断裂的裂纹钢丝的最大作用力；

$F_{35}(e)$——应变 e 断裂的裂纹钢丝的比例，其值 = 在应变 e 的第五组（裂纹的）钢丝的极限应变的韦伯分布；

N_{cr}——有效扩展长度的修复的裂纹钢丝的实际数量；

μ_{s2}——第二组钢丝的拉伸强度的样本平均值。

5.2.3.3.4 主缆中未断裂钢丝的强度

主缆中未断裂钢丝的强度由以下公式计算得出：

$$R_u = \max[T_u(e) + T_{cr}(e)] \tag{5.2.3.3.4}$$

式中：max——取括号内表达式的最大值；

R_u——未断裂钢丝的主缆强度。

注 5.2.3.3.4：通过计算在小增量（0.001in/in）范围内几个 e 值的表达式的值，取最大值来确定 $R_u = \max[T_u(s) - T_{cr}(s)]$，整个计算过程最好是在（包含韦伯分布函数）计算机表格程序中进行。

5.2.4 断丝修复

在评估节段和相邻的节段中断裂的钢丝能分担主缆应力，这是因为其中的索夹产生摩擦力。如果钢丝的应力大于与其所在节段相邻的索夹的摩擦力，钢丝会滑动，但是随着主缆应力的增加，钢丝会继续承受一个恒定的应力。在断丝中恢复的应力由以下公式计算得出：

$$s_d = p_i \cdot C_d \cdot (0.95 \cdot \mu_{s2}) \quad s_d \leq s \tag{5.2.4-1}$$

式中：s_d——相邻节段的一根断丝在评估节段恢复的应力；

p_i——评估节段和在节段 i 中断裂的一根钢丝间的索夹的数量；

i——节段的编号；

C_d——在每个索夹的一根断裂钢丝扩展到第二组钢丝的平均拉伸强度的 95% 的比例；

μ_{s2}——第二组钢丝的拉伸强度的样本平均值；

s——与 5.2.3.1.2 中估算的主缆强度相对应的钢丝的应力。

断丝对主缆强度的作用由下列公式计算得出：

$$R_b = a_w \cdot (0.95 \cdot \mu_{s2}) \cdot \sum_{i=2}^{L_e} p_i \cdot (n_{bi} - n_{ri}) \cdot C_d \tag{5.2.4-2}$$

式中：R_b——由相邻节段的断丝而产生的主缆强度；

a_w——用于试验室分析的一根钢丝标称面积；

L_e——有效扩展长度间节段的数量；

n_{bi}——节段 i 中断丝的数量；

n_{ri}——节段 i 中修复的断丝的数量。

如果评估节段是唯一检查的节段，那么断丝对主缆强度的作用为：

$$R_b = a_w \cdot (0.95 \cdot \mu_{s2}) \cdot n_{b1} \cdot 0.5 \cdot (L_e - 1) \tag{5.2.4-3}$$

式中：n_{b1}——评估节段的断丝的数量。

注 5.2.4：可以修复的一根断裂钢丝的应力是断裂钢丝以及评估节段间索夹数量与在每个索夹恢复的应力的乘积。然而，这种恢复应力仅限于与 5.2.3.1.2 中的公式计算得出的主缆强度相对应的未断裂钢丝的应力。一般，未断裂钢丝的应力会超过第二组钢丝的拉伸强度平均值的 90%，这种限制可以忽略，因为 $L_e = 9$，恢复应力并没有大于第二组钢丝的拉伸强度平均值的 76%。

5.2.5 主缆强度

在评估节段中，运用脆性钢丝模型或者是有限韧性模型的主缆强度由下列公式计算得出：

$$R = R_u + R_b \tag{5.2.5}$$

式中：R——主缆强度的评估值；

R_u——未断裂钢丝产生的主缆强度；

R_b——相邻节段中，断丝产生的主缆强度。

6 检查报告

6.1 简 介

每一次检查进行后都需要一个报告,久而久之,这些报告就形成了主缆状况的历史记录,为桥梁业主就维护计划和预算做出明智的决定提供帮助。

6.2 维护人员的常规检查

维护人员每次定期检查都要准备一个报告,报告至少包含以下内容:

(1)检查日期。

(2)天气和温度。

(3)检查的主缆部位(比如,西主跨、南锚碇、主索鞍和主缆罩)。

(4)根据节段编号识别的缺陷清单。

(5)每一页的每一个缺陷的记录(每个缺陷有一个页码)包括:

①文字描述(例如,脱落的涂层、锈斑、断裂的缠丝)。

②彩色照片。

③建议的措施。

(6)优先实施的建议措施清单。

后续报告:每一次实施措施都应准备一份后续报告,包含措施的描述以及工作完成后的照片。

6.3 两年一次的检查

由交通运输部提供的规范中提到了两年一次的检查的基本报告,这里不作重述,该报告应该包含以下关于主缆和悬吊系统的信息:

(1)每个检查节段中每个构件(例如,缠丝、扶手绳等)使用单独的等级清单(图2.2.3.1-2和图2.2.3.1-3)。

(2)缺陷照片。

(3)等级低于5的原因(1~7的范围内)。

(4)建议措施。

(5)建议采用内部检查(如果必要)的原因。

6.4 内部检查

内部检查报告应该包括以下内容:

(1)执行纲要提供一个检查结果的简短概要,包括:

①检查打开部位的数量。

②检查状况概述(比如,严重腐蚀、有15根断裂钢丝)。

③每个调查节段的强度。

④每个调查节段的安全系数。

⑤最小强度和最大主缆应力节段(通常与桥塔相邻)的安全系数。

⑥推荐的补救措施。

⑦下一次检查的建议日期。

(2)目录。

(3)执行纲要项目更详细的总结。

(4)在主缆检修道的初步发现以及选择调查节段的原因。

(5)显示调查节段位置的主缆平面和立面图。

(6)打开主缆的方法的描述以及照片。

(7)每个打开节段的详细描述;主缆断面图显示楔开位置、腐蚀等级的分布以及断丝的位置。

(8)试验室试验结果的总结;主缆断面图显示样本钢丝的位置。

(9)用于计算主缆强度方法的文字描述;计算强度的表格。

(10)受恒载、活载以及温度影响的主缆应力的表格;主缆安全系数的表格。

(11)调查人员对主缆强度评估精确度的评价。

(12)结论。

①主缆强度、安全系数和可能的误差的讨论。

②引起恶化的原因的探讨。

(13)建议。

①在安全系数较低的情况下继续桥梁运营的计划。

②维护和维修的总体计划。

③下一次检查的时间和要检查节段的数量的具体计划(除非后续检查建议特定的节段,否则在下一次检查的准备期间就应该选好节段)。

(14)附录。

①试验室报告。

②试验钢丝性能、腐蚀组的平均值和标准偏差。

③锌层重量试验和普利斯试验。

④金属和腐蚀产物的化学试验。

⑤冶金检查,包含图片。

⑥样本强度计算。

⑦选定的展示主缆外部情况(主缆检修道)以及主缆内部(楔开口)的一些照片。

⑧检查以及重新缠丝操作的一些照片。

注6.4:检查节段的安全系数等于该节段的主缆强度除以恒载、活载以及温度影响产生的主缆应力。

检查主缆整体时,主缆安全系数是上述结果中的最小值。

当仅检查一部分主缆时,主缆的安全系数由最小主缆强度加上最大主缆拉力确定,这两个数据在桥塔相邻的坡度最大的节段中产生。特殊节段(相邻节段检查过)的强度误差是7%~8%。一般的安全系数允许存在这种程度的误差。这种程度的误差相对准确,但是仅用于检查节段中;因此,只有当检查所有节段时,它才能应用在整条主缆上。除此之外,该误差会更大。

附加的误差是由于不了解没有被检查的节段。对比全长检查的结果与同一条主缆中节段的20%假定检查的结果,假定的估算强度的误差为8%。检查节段的数量越少,越容易高估,反之亦然。

最初,主缆的安全系数被定为4;后来,应用的安全系数为2.7(1939年)和2.4(1990年)。评估一条退化的主缆得到的安全系数比新设计的主缆的安全系数要低。安全系数和活载不在这个项目的范围内。然而,当安全系数下降到低于2.15%时,建议:

(1)考虑减少交通量。

(2)安装声控系统记录以后的钢丝断裂。

(3)如果有可能要安排对整条主缆进行更深入的检查。

(4)考虑使用缓蚀剂。